和经济学家聊成长

执行与恒心

李毅 张安琪 编著

中国·成都

图书在版编目(CIP)数据

和经济学家聊成长:执行与恒心/李毅,张安琪编著.—成都:西南财经大学出版社,2024.3
ISBN 978-7-5504-6102-4

Ⅰ.①和… Ⅱ.①李…②张… Ⅲ.①经济学家—生平事迹—世界—青少年读物 Ⅳ.①K815.31-49

中国国家版本馆 CIP 数据核字(2024)第 037888 号

和经济学家聊成长:执行与恒心
HE JINGJIXUEJIA LIAO CHENGZHANG:ZHIXING YU HENGXIN
李　毅　张安琪　编著

总 策 划:李玉斗
策划编辑:周晓琬　陈进栩　何春梅
责任编辑:周晓琬
责任校对:肖　翀
封面设计:星柏传媒
责任印制:朱曼丽

出版发行	西南财经大学出版社(四川省成都市光华村街 55 号)
网　　址	http://cbs.swufe.edu.cn
电子邮件	bookcj@swufe.edu.cn
邮政编码	610074
电　　话	028-87353785
照　　排	四川胜翔数码印务设计有限公司
印　　刷	四川五洲彩印有限责任公司
成品尺寸	148mm×210mm
印　　张	5.375
字　　数	114 千字
版　　次	2024 年 3 月第 1 版
印　　次	2024 年 3 月第 1 次印刷
书　　号	ISBN 978-7-5504-6102-4
定　　价	35.00 元

前　言

亲爱的青少年朋友们：

习近平总书记 2022 年在中国人民大学考察调研时说道：“希望广大青年用脚步丈量祖国大地，用眼睛发现中国精神，用耳朵倾听人民呼声，用内心感应时代脉搏，把对祖国血浓于水、与人民同呼吸共命运的情感贯穿学业全过程、融汇在事业追求中。”

在当下这个机遇与风险并存的时代，坚定不移地追求自己的理想并持之以恒是青少年成功的必备条件。只有不断提升自己的执行力并保持恒心，你们才能够在抓住机遇的同时化解风险。

本书将向你们介绍一系列中外闻名的经济学家[①]。他们中有些人在经济专业领域做出了杰出贡献，有些人的经

---

① 经济学这门学科是一门近代才成立的独立学科，在古代是没有独立的经济学这门学科的，但是古代很多思想家和学者都有非常深刻的经济学思想，无论在理论还是实践上都极大地推动了社会、经济的发展，所以我们也把这些学者称为经济学家，比如中国古代的孔子、国外的亚里士多德等。

济思想在当时乃至对后世产生了极大的影响。不论是在现实生活中还是学术研究中，他们都以一以贯之的毅力和恒心，做出了杰出的贡献——报效祖国、造福人民，继往圣绝学、传真理精神，激励着一代又一代的新人。比如，汉朝王莽在艰难的日子里从未放弃自己，表现出了极强的执行力和恒心，最终登上了成功的巅峰。又如，王夫之从未放弃对国家的信仰和热爱，既然现实道路曲折，那么他就在学术上发力，最终成为明末三大思想家之一。还有像哈耶克这样一生跌宕却拥有真诚信仰的经济学家，即使被长期排挤，也始终坚定自己的立场，最终历史为其正名，其著作也成为经济学领域的经典之作。

本书中还有许多这样的事例，比如以心为纸、以脑为笔的孙冶方，面临危机永不言弃的色诺芬，以及从孤独到荣耀的纳什……希望这些故事能启发广大青少年朋友坚定自己的信念，追求自己的理想。只有这样，才能在百年未有之大变局的时代背景下，实现自己的人生价值。执行力和恒心与脚踏实地的道路和仰望星空的梦想一样重要，有了它们，我们才能不负时光、奋勇向前，才能策马扬鞭、奋起远航！正如习近平总书记所言："立足新时代新征程，中国青年的奋斗目标和前进方向归结到一点，就是坚定不移听党话、跟党走，努力成长为堪当民族复兴重任的时代新人。"

最后，祝你们阅读愉快！

李毅
2023 年 12 月

目　录

坚韧篇

方向篇

决心篇

磨练篇

责任篇

治学篇

小明是一个勤奋好学的少年，对知识充满渴望，对未来充满期待。然而，随着小明慢慢长大，他逐渐对未来的成长方向感到迷茫。他知道自己的兴趣和天赋，但不确定应该选择怎样的道路，成为怎样的人。这种焦虑和困惑，让他更加迫切地想要获得更多的知识，也会让他在夜深人静的时候，躺在床上长时间地思考……

一天晚上，小明在书桌前读着一本名人传记。夜渐渐深了，他感到一丝丝疲惫，便在书桌前趴下，逐渐进入梦乡。在梦中，他来到了一个神秘的地方，仿佛是一座金碧辉煌的宫殿。走进去，正门左边的石柱上刻着“经济学家居住地”，右边的石柱上刻着“人生疑惑解答处”。小明向前望去，呀！大厅里面立着六个大大的房门。奇怪的是门牌上面写着的不是房间号，而是“坚韧”“决心”等词语。“这些房间名字也太奇怪了”，小明一边说着一边推开了面前的大门……

坚韧篇

进入“坚韧”这间房，小明发现这里聚集了古今中外的几位经济学家。他们有的西装革履，有的穿着古代的长袍，他们在这里畅谈着自己的人生故事。小明迫不及待地加入其中，将他心中的困惑提出来……

请问，您认为什么是生活中最重要的品质？

小明

韩非

我认为生活中最重要的品质包括坚韧不拔、诚实、乐观和有同理心。

您如何在压力下保持冷静和坚定？

小明

孙冶方

在压力下保持冷静和坚定通常需要清晰的思维和强大的情绪管理能力。我建议寻求支持、放松身心，并且专注于解决问题的方法。

您是如何对抗失败和挫折的？

小明

杨小凯

对抗失败和挫折首先需要接受现实，然后从其中总结经验，并且寻求新的解决途径。坚持和毅力是对抗挫折的关键。

和经济学家聊成长：执行与恒心

您认为什么是成功的关键？——小明

亚当·斯密——我认为成功的关键在于明确目标、努力不懈、适应变化，并且有良好的人际关系。

如何在逆境中找到动力和勇气？——小明

萨伊——在逆境中找到动力和勇气可能需要寻找内在的动机、寻求支持，并且相信自己有能力克服困难。

在内外交困之下，您是怎么坚持学术研究的呢？——小明

杰文斯——我认为，始终坚持做正确的事、有意义的事，历史就会承认你的价值。

经济学家们——不妨看看我们的人生经历和故事吧！加油！

韩非：口难言，就用文字发光

生平简介

韩非（约前280—前233），中国战国时期的思想家和政治家，法家思想的代表人物。他出生在战国时期韩国的一个贵族家庭，对刑名法术学问有着浓厚的兴趣。他的思想理论基础源于黄帝和老子，但他的学说又有所不同。他将商鞅的“法”、申不害的“术”和慎到的“势”融合在一起，将辩证法、朴素唯物主义和法律理论相结合，留下了许多重要的言论和著作，《孤愤》《说难》等文章被后人整理编纂成《韩非》一书。他的学说一直是中国封建社会时期统治阶级治国的思想基础。

主要理论/贡献

韩非经济方面的思想基础可以概括为三方面：其一，

在社会观上，韩非认为“当今之世”已经从“民不争”发展到了“民争”。其背后的经济原因从财富上解释就是为“古者丈夫不耕，草木之实足食也；妇人不织，禽兽之皮足衣也。不事力而养足，人民少而财有余，故民不争。”其二，在人的本性上，他认为每个人都是“好利恶害”“挟自为心”的，在这样的情况下人与人之间的关系是利害关系，你为别人服务，别人也为你服务。其三，经济政策主张上，韩非认为“当今争于气力”，所以为了增加自己的气力在国家层面就演化成了提倡耕战，“富国以农，距敌恃卒”。最终韩非提出了“实业惠民、征服四方、边疆富裕、天下安定”的经济思想。

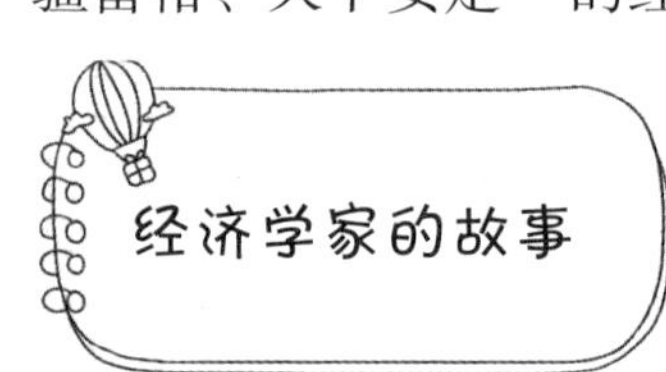

经济学家的故事

上天是不公平的，有的人一出生就含着金汤匙，也有人一出生身怀残疾，比如韩非。韩非有口吃的缺陷，却身处文人需要靠自己的口才发挥本领的战国时代，这相当于砍断了韩非的一条臂膀。据说，韩非在荀卿门下学习时，因为口吃的原因，很难与师兄弟们交流和讨论问题。但他并没有因此而放弃，而是通过刻苦学习和不断练习，努力提高自己的口才和表达能力。他还利用空余时间，不断练习口语和演讲技巧，使自己的口吃问题得到了一定的改善。

因为韩非有口吃的缺陷，所以他特别刻苦地著书立说。他深感国家的衰落和治理不善的问题，著有《孤愤》《五蠹》等十余万字的著作，总结了古往今来的得失变化，以期呼吁国家加强治理。他曾多次上书规劝韩王，但韩王没有采纳他的意见。

当秦王看到《孤愤》《五蠹》等书时，他说："如果我能见到这个人并与他交往，即使死了也不会后悔。"李斯告诉他这些书是韩非写的。当时，秦国攻打韩国，韩王起初没有重用韩非，直到形势紧张，才派他去秦国。韩非前往秦国后，秦王每天与他谈论治国方略。韩非对"法、术、势"等观念和方针的阐释与秦王的想法不谋而合，使秦王感到相见恨晚，准备拜韩非做客卿。但是和韩非师出同门的李斯非常嫉妒韩非的才能，生怕秦王会重用韩非而忽视了自己。于是李斯构陷韩非，而秦王听信了谗言，最终下令处死韩非，使得韩非惨死在狱中。

韩非虽死，但他的思想却在秦王和李斯手上得以实施。秦王在位期间，采纳了韩非的许多思想和理念，例如"权力集中"等政治方针，使得秦朝得以实现统一和繁荣。同时，韩非的著作《孤愤》《五蠹》等也为秦朝的治理提供了重要的参考。韩非的思想与秦王的治理相结合，使得秦国蒸蒸日上，为秦国的统一事业打下了坚实的基础。韩非的政治经济思想不但为秦朝统一事业起到了积极推动作

用，也对中国古代思想史也产生了深远的影响。

启迪青少年

韩非从小就患有口吃的毛病，长大后又被人陷害最终冤死，但他的思想却流传了下来，韩非也成为我国著名的思想家和法学家，被尊称为韩非子。韩非能够实现自我价值主要的原因是他没有被自己的缺陷打败，始终坚持自己的信念和理想，克服缺陷，著书立说，最终有所成就。在现实生活中，我们每个人都有这样或那样的不足，我们不应该气馁，而是应该鼓足勇气，认真地学习和工作，过好每一天。

孙冶方：以心为纸，以脑为笔

孙冶方（1908—1983），原名薛萼果，江苏无锡玉祁镇人。老一辈无产阶级革命家，著名马克思主义经济学家。从 20 世纪 30 年代起，孙冶方从事经济理论研究，对中国社会主义经济建设中的重大实际问题和理论问题进行了广泛的创造性的研究。1964 年孙冶方遭遇大规模的政治批判，1968 年 4 月被投入监狱，直至 1975 年 4 月无罪释放。1977 年后，孙冶方担任中国社会科学院经济研究所顾问、名誉所长，中国社会科学院顾问，国务院经济研究中心顾问，中国社会科学院经济研究所名誉所长等职。1985 年，为纪念孙冶方对经济科学的重大贡献，设立了“孙冶方经济科学奖”，这是迄今为止中国经济学界的最高奖项。

主要理论/贡献

在半个多世纪的革命与学术工作中，孙冶方始终坚持立足中国国情进行独立思考，他是改革传统经济体制的最早倡导者，也是创建社会主义经济学新体系的积极探索者。他先后撰写、发表了多篇论文和研究报告，并先后出版了《社会主义经济的若干理论问题》《社会主义经济的若干理论问题（续集）》《社会主义经济论稿》等著作。孙冶方以创造性的经济学理论研究，为学界开辟了一条经济学发展的道路；又以崇高的德行，为经济学人树立了如何做学问的榜样。

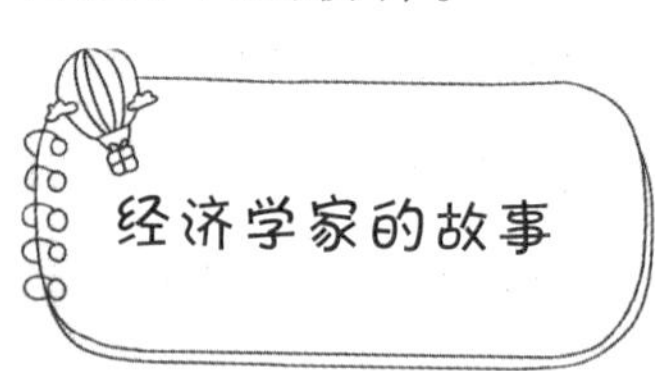

经济学家的故事

1964 年 10 月，孙冶方遭到了持续 4 年的大规模的政治批判，面对铺天而来的污蔑，倔强的孙冶方从不低头认罪。他写了一份又一份的检查材料，进一步清晰地阐述自己的观点，然而他对真理的坚持被视为“抗拒党和群众对他的原则批评，态度十分骄横”。“文化大革命”开始后，他于 1968 年 4 月被正式逮捕，在秦城监狱关押了整整 7 年。

监狱里面昏暗又潮湿，只有一个小小的窗口能透进一点点阳光。在监狱里孙冶方还被要求不准有人探视，不准读书阅报。孙冶方后来回忆说，他之所以还能保持精神正常，就是因为他时刻保持着对经济学的学习和思考。在那里，孙冶方非但没有放弃自己的正确观点，还写下了《社会主义经济论》一书。但不是写在纸上，而是“写”在心里。因为在那种恶劣的环境中，根本没有笔纸供他写作，他只能不停地打腹稿，一字一句，一章一节，都刻在他的脑子里。这部书一共 22 章，183 节。他一共在脑子里“写”了 85 次。每个月，他都要把全书回忆一次，修改一番。

直到 1975 年 4 月 10 日，孙冶方突然被宣布“释放”。出狱后的孙冶方回到经济研究所，继续从事他心心念念的经济研究工作。这时候，中国的许多经济学家和绝大多数经济工作领导人开始认同他的经济思想。

然而不幸的是，7 年的监狱之苦让孙冶方的身体衰弱至极——行动迟缓，肝区患有重疾，后来发展成肝癌。但孙冶方仍然埋首研究，还抱病参加各种经济讨论会，除了这些，他每天精心阅读马克思主义的经典著作，试图有所突破。

据当时与孙冶方同在经济研究所的吴敬琏回忆，孙冶方病情加重之后，为了把他那个打了 85 遍腹稿的论著及时抢救出来，经济研究所派出了包括他在内的 7 人写作小组来完成这个任务。他们在协和医院附近的北京饭店租了一个套房，每天到病房与孙冶方交谈，进行录音并记录。在吴敬琏的记忆里，那些日子，孙冶方的病房成了“思想抢救室”，每次他们去的时候，一到门口就能听到贝多芬交响曲的声音，那种洋溢着乐观和不屈意志的旋律是孙老最喜欢的。

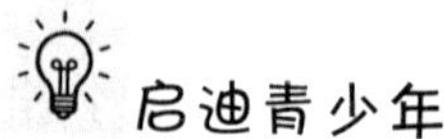

启迪青少年

孙冶方对经济学的热爱和坚持令人印象非常深刻。在孙冶方十分困顿的那段时间里，他没有任何人可以依赖和求助，他必须自己面对孤独和无助的痛苦。但即使身处绝境之中，他依然没有放弃自己对真理的坚持，坚定地、持续不断地学习和思考，最终用“心和脑”写出了《社会主义经济论》一书。我们也应该像他一样，试着拥抱孤独和无助，接纳失败和挫折，从中吸取经验和教训，不断调整和完善自己，坚定信念，向着自己的目标前进。

杨小凯：十年的“监狱大学”时光

杨小凯（1948—2004），原名杨曦光，出生于吉林省敦化县。1980 年杨小凯考入中国社会科学院，1982 年毕业，获计量经济学硕士学位。1988 年获普林斯顿大学经济学博士学位，曾任哈佛大学国际发展中心（CID）研究员、澳大利亚蒙纳士大学经济学讲座教授、澳大利亚社会科学院院士。他最突出的贡献是提出新兴古典经济学与超边际分析方法和理论。

杨小凯是一位极有远见的思想家，是一位极具成就的经济学家。杨小凯不仅对中国的政治变迁和经济改革有切身体验和真知灼见，而且还能对现代经济学做出理论性贡

献，他提出的新兴古典经济学与超边际分析方法和理论，获得国内外同行的广泛推崇。他的出现使国际社会开始重新评价华人经济学者。杨小凯还曾两次（2002 年和 2003 年）被提名诺贝尔经济学奖，被誉为离该奖最近的华人。他已出版的专著包括：《专业化与经济组织》《经济学：新兴古典与新古典框架》《发展经济学：超边际与边际分析》。

经济学家的故事

1968 年，年仅 19 岁的杨小凯还在长沙市第一中学上学，他写了一篇小论文《中国向何处去》，正是这篇文章使得杨小凯遭受了牢狱之灾，时间长达 10 年。

在监狱里，杨小凯度过了人生中最为漫长而黑暗的日子，但是他并没有放弃，他选择将知识作为自己 10 年牢狱生活的主要内容。幸运的是，在那个特殊的年代，监狱里的犯人几乎都是各行业的精英，藏龙卧虎。有人可以默写全本《唐诗三百首》，有人独立编数学教材，有人疯狂写小说和电影剧本，被囚犯广泛传抄。这给杨小凯带来了很大的帮助。在艰苦繁重的劳动之余，杨小凯拜当时关在牢里的二十几位教授、工程师为师。那段时间，他疯狂地学英文，学微积分，还向工程师学电机、学绘图，他如饥似渴地阅读能读到的所有书籍。

可以说，外面的同龄人轰轰烈烈地闹了10年的革命，监狱里的杨小凯却扎扎实实地上了10年“大学”。杨小凯在监狱里遇到了他的导师刘凤祥，他说：“你们这一代人不能再沉浸在法国大革命和苏俄红色革命的怪圈中，你们必须从这种历史的循环的链条中走出来。你们要去了解英美政治，要了解英国光荣革命的历史。同时你们要懂市场经济，要学经济学，要成为经济学家!”在长达十年的监禁生活里，杨小凯不但认真阅读和学习了《资本论》等马克思主义的著作，同时还认真学习现代经济理论。在没有西方新古典经济学的系统训练的情况下，他开始了与世隔绝的自由思考。经过10年的自学，只有初中学历的杨小凯，不仅初步形成了自己的经济学思想，还独立推导出四个极重要的经济学理论：戈森第二定律、层级理论、纳什议价模型，以及劳动分工理论。他作为顶级经济学家的潜质，在那时就已经显露无遗。

1978年，杨小凯刑满释放。他获得了参加数量经济学考试的机会，他通过考试后被中国社会科学院录取为实习研究员。他不停地做研究、出著作，其扎实的数理经济学功底，让他拥有了中国思考经济“最聪明的脑袋”之一。之后几经辗转，他远赴美国进行学习。1988年，杨小凯在美国获得经济学博士学位，最终取得了令人瞩目的经济学成就。

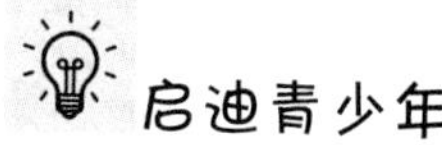

启迪青少年

家庭被摧毁，风华正茂的年纪被投进监狱，对大多数人来说，人生的方向可能就此迷失。但是，10 年的铁窗生涯没有打倒杨小凯，他在监狱里认真学习和勤奋思考，不仅抛弃了年少时的稚嫩与激进，还在监狱中找到了他一生为之努力的方向。杨小凯的故事启示我们，无论遇到什么挫折和困难，都不能被打倒，而是应该坚强地面对，不断学习和进步，通过自己的努力和勤奋来摆脱困境。

亚当·斯密：没有轻而易举的成功

亚当·斯密（1723—1790），出生于一个海关官员的家庭，他在 14 岁时考入格拉斯哥大学，主攻数学和哲学，并开始对经济学产生浓厚兴趣。后来，他转校到牛津大学并完成学业。毕业后，他于 1748 年开始在爱丁堡大学讲授修辞学与文学。1759 年出版《道德情操论》。1776 年出版《国富论》。

亚当·斯密致力于推崇自由市场、自由贸易和劳动分工，因此被誉为“古典经济学之父”和“现代经济学之父”。

斯密强调经济学应该研究如何增加国民财富。他认为，财富的增长取决于劳动生产率的提高。分工在提高劳

动生产率方面起到积极的作用。首先，分工能够提高劳动者的工作技能和熟练程度。其次，分工能够减少从一种工作转向另一种工作所需的时间损失。最后，分工有利于机械的发明和使用。

斯密的市场理论认为，市场规模越大，市场的作用发挥得越充分，对分工的发展和国民财富的增长就越有利。

斯密还认为，提高资本的利用效率是增加国民财富的另一个重要途径。要实现这一目标，既需要发挥市场的作用，也需要国家进行宏观调控。

经济学家的故事

斯密一生最伟大的著作《国富论》，全名叫做《国民财富的性质和原因的研究》。这本书的出版标志着现代经济学的成立，对后世影响非常大。但这本书的出版对斯密却是非常大的考验，经历了太多波折。

斯密从小就身体虚弱，经常生病，腹痛一直困扰着他。写作对他来说是一项体力活，非常困难。由于身体的疾病，他一直无法完成《国富论》的创作。他曾经感叹道，自己看不到能够完成这本书的一天。对斯密来说，书写很困难，他一生都保持着一种大大的、状如小学生字体的笔迹。

因此，《国富论》的写作进展非常不顺利，资料繁多，思绪杂乱，时间也不够。仅仅依靠自己写作显然太慢也太难了。斯密找到了一种方法：自己口述，雇佣抄写员来记录；或者让抄写员抄写自己笔迹糟糕的草稿。抄写员们字迹漂亮，还能帮助他组织文章，写作效率大大提高了。这正是对《国富论》中提出的劳动分工原理的精彩运用：劳动生产力的最大提高……似乎都是劳动分工的结果。

在《国富论》的写作期间，斯密还曾受到过训诫，因为他读了一本在当时被视为异端邪说的书籍，名叫《人性论》。斯密后来和这本书的作者——哲学家大卫·休谟成为终生好友。休谟是一位非常好的导师和朋友，他不断督促斯密进行创作。1776 年，休谟的病情不断恶化，他还在病中写信批评斯密迟迟不出版《国富论》。斯密解释说自己因为健康问题而写作进度缓慢。然而，休谟直接回信说道："我不会接受你任何健康不佳的借口，我认为这只是你因为懒惰和喜好隐居而找的遁词。"

斯密最终没有辜负朋友的期望，在 1776 年《国富论》经过了多次修订，最终出版了。当斯密 60 多岁时，他的身体越来越虚弱，腹痛、手抖，但他仍然反复修改自己的书稿。斯密说："我所能做的最好的事，就是让我已经出版的那些作品，在我离世后保持最好最完美的状态。"

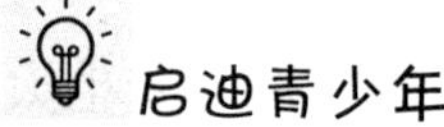

启迪青少年

尽管斯密一生身体虚弱，经常生病，但他仍然坚持反复修改自己的书稿，努力让它们保持最好最完美的状态。即使写作对他来说是一项困难的体力活，他也没有放弃，而是找到了方法来提高写作效率，雇佣抄写员来记录和整理他的想法。同时，在作为导师和朋友的休谟的不断督促下，他最终成功出版了《国富论》这部伟大的著作。总而言之，斯密的故事告诉我们，只要有恒心和执行力，就能够克服困难，实现自己的目标。同时，朋友的鼓励和鞭策也是我们成长和进步的重要动力。

萨伊：在困境中坚持自我

让·巴蒂斯特·萨伊（1767—1832），是法国资产阶级经济学的奠基人。他出生于法国里昂市的一个商人家庭，后搬到日内瓦生活。年轻时他在英国一家商业学校学习，毕业后回国。尽管他对文学有浓厚的兴趣，但他遵从父亲的意愿，进入一家人寿保险公司工作，而这家公司的经理恰巧就是后来的财政部部长格拉维尔。恰逢其时，格拉维尔向萨伊推荐了亚当·斯密的《国富论》，让萨伊受益匪浅。从1816年开始，他在亚森尼学院授课，这是法国第一个开设政治经济学课程的学府。而后，在1830年，他成为法兰西学院的政治经济学教授，直至1832年因病去世。

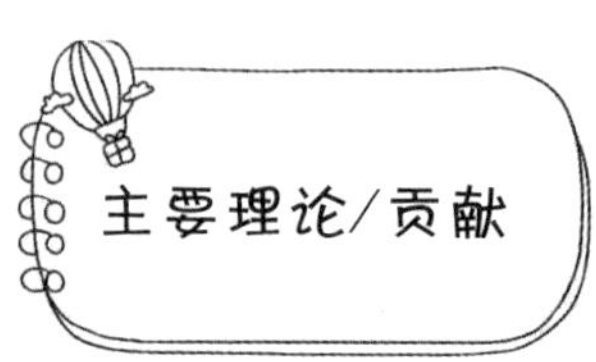

萨伊定律可以简述为“供给创造需求”或“生产创造销路”。在萨伊看来，商品交换其实是商品之间的交流。在这个过程中，货币只是短暂地充当媒介，卖家获得货币后会再次购买商品。因此，卖家也成为买家，供给者也成为需求者。一种产品的生产为其他产品开辟了销路，供给会创造需求。无论产量如何增加，产品都不会过剩，最多只会暂时积压，而社会上商品的总供给必然等于总需求。萨伊认为，需求是由供给创造的，只要供给增长，需求就会自动扩张。这就是著名的萨伊定律，萨伊也称之为销售论。萨伊定律对“供给创造需求”或者“生产创造销路”的论断进行了提升。

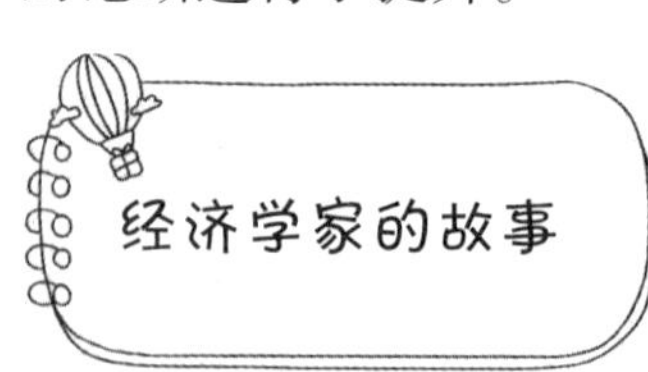

在法国的里昂有一个叫萨伊的少年，他出生在一个商人家庭。萨伊从小就展示出了经商的天赋。他年轻的时候去了英国伦敦附近的一所商业学校学习，正是在那里，他了解到英国的工业革命进程，并接触到了亚当·斯密的学说。他以对斯密经济学说的解释、通俗化和系统化而闻名。

1789 年，法国爆发了大革命。而那时的萨伊正在一家人寿保险公司工作，他支持君主立宪派的执政，积极参与政治活动，甚至一度参军。然而，当雅各宾派夺取政权后，他却转而反对革命。萨伊当时担任一本名为《哲学、文艺和政治旬刊》（以下简称《旬刊》）的杂志的主编职位，他在杂志上发表了很多经济学的文章，批评了国民大会的活动。后来，拿破仑·波拿巴上台后，他开始受到重视，被任命为法官，还被派往财政委员会工作。

在拿破仑执政期间，萨伊在《旬刊》上发表的经济论文得到了拿破仑的赏识。于是，他再次进入政界，被委派到财政委员会工作。然而，拿破仑并不接受萨伊的自由主义主张，而萨伊也不愿意放弃对拿破仑保护关税政策的持续批评。1803 年，在萨伊的《政治经济学概论》出版之前，拿破仑要求他修改关于关税政策的某些章节，但萨伊拒绝了。因此，在这本书正式出版的同时，萨伊被解雇了。拿破仑下令查封了萨伊的所有著作，禁止萨伊从事学术研究，并委派他担任海关税收征管员。然而，倔强的萨伊并没有屈服。他回到商界，开始经营一家纺织厂。正是因为他的坚持不懈，亚当·斯密的自由主义经济学才得以在欧洲大陆传播开来。

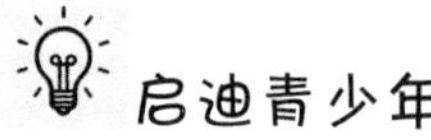

启迪青少年

萨伊这位天赋异禀的商人和经济学家，在不同的历史时期经历了人生的起伏，但他始终保持着对贸易自由的热忱和对斯密经济学说的坚定信仰。这个故事传递给我们一个深刻的道理，即执行力和恒心十分重要。从萨伊的经历可以看出，他始终保持着对自由贸易和经济自由的追求，尽管他在政治生涯中遇到了困难和压力。他的坚定和不屈不仅让他在商界取得了成功，也推动了斯密经济学说在欧洲的传播。萨伊的故事证明了执行力与恒心的重要性，这是我们在现实生活中也可以借鉴和应用的关键品质。无论我们面临什么困难，只要坚持不懈，追寻自己的目标，最终都能取得成功。

杰文斯：一生坎坷，但坚持不懈

威廉姆·斯坦利·杰文斯（1835—1882），出生于英国利物浦，是一位著名的经济学家和逻辑学家。他在1871年的著作《政治经济学理论》中首次提出了价值的边际效用理论。与奥地利的卡尔·门格尔和瑞士的利昂·瓦尔拉斯一起，共同开创了经济学思想的新时代。他是边际效用学派的创始人之一，同时也是数理经济学派的早期代表人物。

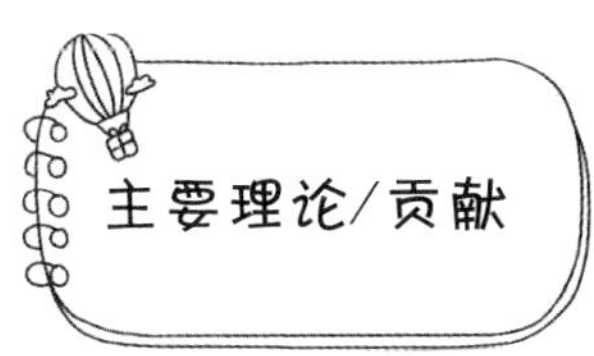

杰文斯理论的核心是效用理论，这一理论强调人们对某种事物的需求得到满足的程度，即效用。杰文斯认为，判断事物效用大小的唯一标准是当事人本身的主观意志。

他指出，一定数量的面包对人们来说是绝对需要的，但随着面包数量的增加，其带来的效用会递减，最终甚至会变为负值。杰文斯进一步提出了交换理论，认为两个人交换面包和牛奶的比例与交换后得到的满足程度成反比。他指出，只要进一步的交换能够使双方的满足感（边际效用）增加，交换就会继续进行，直到无法再增加满足感为止。除了对效用和交换的理论研究，杰文斯还继承了英国经验研究的传统，对经济学的其他部分也做出了重要贡献。例如，他创造性地将经济周期与太阳黑子 11 年周期相联系，这是因为他同时也是气象学家。凯恩斯曾说，杰文斯的研究标志着经济学新阶段的开始。

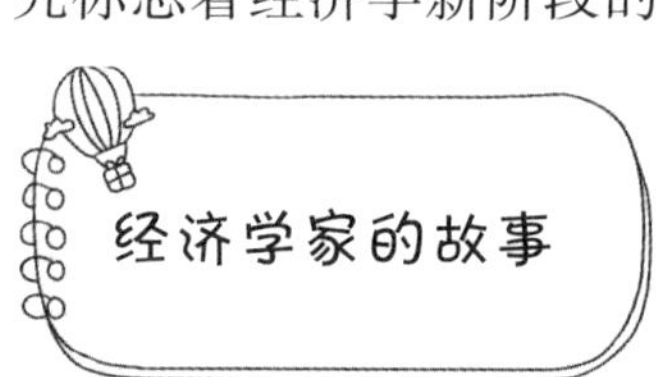

杰文斯的求学经历并不顺利。他在 16 岁时进入伦敦大学学习化学和植物学，但由于父亲的企业破产，他不得不辍学前往澳大利亚当试金师。经过五年的辛勤工作，他终于挣够了学费，重新回到大学，并申请政治经济学奖学金，但因与教授意见不合而失败。然而，随后他似乎逢凶化吉，最终获得了大学硕士学位。1866 年 5 月，他被任命为曼彻斯特大学欧文斯学院的逻辑学、精神学和伦理学教授以及政治经济学的科希登讲座教授。虽然他成功获得了伦敦大学学院政治经济学教授职位，但他的教学并不受欢迎。杰文斯的同事曾说："再没有像他那样蹩脚的讲授者了，人们不愿听他的课，他充满热情的工作却不能彻底完成任何事情。"在教学中，为了避免学科考试全军覆没，他不得不主要讲解他所强烈反感的穆勒学说，这让他倍感痛苦。在给伦敦大学学院的退休报告中，杰文斯写道："多年以来，当我走进课室的时候，总摆脱不了是在走向颈手枷的感觉。"

除了教学之外，杰文斯的经济学理论研究也是所遇皆坎坷。他先后出版了《煤炭问题》《科学的逻辑》《太阳周期与谷物价格》《政治经济学原理》等 9 部主要著作，但这些著作直到 1936 年也仅售出 3. 9 万册。他的经济学学术思想和地位没有得到应有的传播和捍卫，也没有形成杰文斯学派。杰文斯生性内向敏感，不易与人相处，容易陷于沮丧之中，总是为自己的健康问题而心神不安。他的健康问题包括肝病、消化不良和便秘，这些病痛后来变得非常剧烈，以至于经常打断他的工作。最终，1880 年，杰文斯 44 岁时，因无法忍受病痛而辞去教职。两年后，杰文斯在英国南部度假游泳时溺水而亡，年仅 47 岁。

杰文斯作为经济学的先驱者，未能在他有生之年见证效用价值论和边际分析的巅峰成就，虽然这些理论值得被铭刻在青铜器上，被镌刻在大理石上，在繁华的市场和华

丽的殿堂中被人们高声传颂。但在他去世后的十多年里，他创建的效用理论和边际理论在经济学中得到广泛的认可和应用，他的经济学地位也越来越高，在经济学界被认为取得了不亚于马歇尔和凯恩斯的光辉成就！

启迪青少年

杰文斯的求学经历和职业生涯充满了挑战和坎坷，但他的毅力和恒心也展现了他对知识和学术的执着追求。面对家庭破产和辍学的困境，他选择了前往澳大利亚工作，为重新回到大学而挣学费。即使在大学中遭遇挫折，他依然坚持不懈地追求知识，最终获得了学位并成为一名教授。杰文斯在教学和学术研究中也面临了诸多困难，但他仍然努力工作，尽管最终因健康原因辞去教职。尽管他的经济学理论并未在他有生之年得到广泛传播和认可，但他的才华和贡献仍然值得被铭记和赞美。他的故事告诉我们，即使面临挫折和困难，坚持、毅力和执着是取得成功的关键。杰文斯的故事也提醒我们，有时候成功并不仅仅取决于个人的努力，环境和时机也至关重要。尽管杰文斯的一生充满了坎坷，但他的故事也激励着我们，告诉我们要坚持不懈，即使面临困难，也要努力追求自己的目标。

方向篇

一打开“方向”这间房，小明看见萧灼基、张五常、科斯、米尔顿·弗里德曼、艾伦·格林斯潘这几位经济学家正笑眯眯地望着自己。他们有的在一开始就找到了人生方向，有的在经历了曲折之后，终于找到了对的人生方向并坚持向着对的方向前进。

小明：您是怎么做到"50年磨一剑"的呢？

萧灼基：我觉得是真正的热爱。我对马克思主义的热爱让我行万里路，用50年来写一本书也不觉得辛苦，反而乐在其中。

小明：您父亲的话对您产生了什么影响呢？

张五常：我觉得这是我人生的转折点，甚至促使我找到了人生的方向。只要找到了正确的方向并坚定地执行下去，"学渣"也能成功。

小明：您的研究可以说促成了制度经济学的创立和发展，而且您的产权理论对中国的经济改革影响深远。为什么您对中国一直饱含着深情呢？

科斯：中国是一个充满智慧的国家。我十分重视并认可中国的经济改革，我也有非常多的中国经济学家朋友。而且，不断探究和接受新的东西，是一个抱有开放思维的经济学家应该坚持的品质。

小明：您带领美国经济走出了“滞胀”，也为中美交流做出了贡献。是什么促成了您的三次中国之行呢？

米尔顿·弗里德曼：对不同的观点，我一直保持开放包容的心态。如果它很复杂，我的建议是客观地、多次地去了解它。客观地执行就能看到变化、有所收获。

小明：您觉得年轻时走的弯路是一种浪费吗？

艾伦·格林斯潘：我觉得并不是。音乐一直是我人生中的重要组成部分，但我清楚在经济领域我能做出更大的贡献。这并不是浪费，而是一种选择。

经济学家们：不妨看看我们的人生经历和故事吧！加油！

萧灼基：读万卷书，行万里路

萧灼基（1933—2017），广东汕头人，著名经济学家，曾任北京大学经济学院教授、博士生导师及北京市场经济研究所所长，被誉为中国经济“预测家”。著有《马克思传》《恩格斯传》《萧灼基选集》《纵论股金》等专著十六部，曾荣获“国家有突出贡献专家”、首届“孙冶方经济科学奖”、首届“陈岱孙经济学著作奖”、“中国企业改革与发展‘金三角奖’”等数十个奖项。

萧灼基为马克思主义经济学的发展做出了特殊贡献：在数十年的教学研究工作中，萧灼基始终坚持用马克思主义的立场、观点和方法研究发展变革中的经济社会问题，

他坚信马克思主义能够为中国的改革和发展提供思想之源，在中国改革开放中具有不可替代的价值。

萧灼基还为改革开放做出了前瞻性的理论贡献：他是最早一批为市场经济改革摇旗呐喊的学者，是我国经济学家中最早研究、主张和坚持商品经济、市场经济、股份经济的著名专家之一；他最早提出了“国有企业两权分离理论”，对我国国有企业改革有非常重要的意义；他是新中国成立后最早研究股份制经济和证券市场的专家之一，他对股市的真知灼见令众多海内外学者叹服，被誉为“萧股市”；他长期研究宏观经济问题，对经济发展形势见解独到，被称为“燕园里的中国经济预测家”。

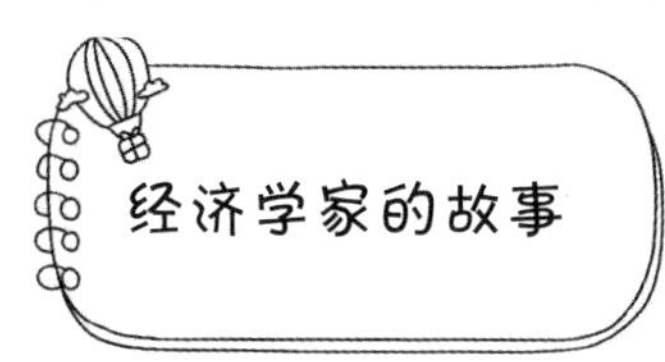

萧灼基1933年出生于书香门第，从小就很聪明。1953年9月，他以优异成绩考进中国人民大学计划经济系，主修政治经济学专业，在著名经济学家宋涛教授、苏星教授和苏联著名经济学家卡拉耶夫教授的指导下，系统地学习了经济学专业知识。那段时间里，萧灼基被博大精深的马克思主义思想所深深吸引，马克思个人纯洁高尚的品格也时刻感染着他。萧灼基因此将学习、研究、宣传马克思主义经济理论作为终身任务，从此踏上了毕生追随革命导师马克思和恩格斯的人生旅程。1956 年，萧灼基继续在中国人民大学经济系攻读经济学说史研究生。读研期间，他读到了弗·梅林的《马克思传》中译本，自那时起，他就立下两个心愿：一是通读《马克思恩格斯全集》，二是为两位革命导师写传记，以此向伟大的革命导师致敬。

在后来的岁月中，为了完成自己的心愿，萧灼基每天都阅读大量的相关文献，直到 1981 年，他出版了《马克思恩格斯著作中的历史人物》一书。之后在 1985 年，他又出版了《恩格斯传》，这本书一经出版就在学术界引起了强烈的反响，并荣获北京大学首届社会学成果奖。

不过萧灼基没有因此而自满，反而更加雄心勃勃，他继续匍匐在书桌前，准备写作一部篇幅浩瀚的《马克思传》。为了更好地完成这部著作，1998 年 4 月，65 岁的萧灼基专程前往欧洲，沿着马克思生活和工作的足迹，先后访问了马克思的故乡德国特利尔，马克思就读的波恩大学，马克思创办《莱茵报》的科伦，马克思恩格斯撰写《共产党宣言》的布鲁塞尔，马克思从革命民主主义转向共产主义的巴黎，马克思研究和撰写《资本论》的伦敦，参观了马克思经常工作的位于伦敦的大英博物馆，拜谒了马克思墓地。每到一处，他都专心听、专心记，掌握了丰富的第一手素材。回国后，尽管年事已高，他仍全身心投入这部巨著的写作。

终于在2008年马克思诞辰190周年之际，萧灼基出版了倾注他50多年心血的《马克思传》，并再版了他1985年出版的《恩格斯传》。这两本书是由中国学者写的关于马克思、恩格斯的学术研究性著作，是我国社会科学研究领域的重大突破。这两部传记的出版，不但实现了萧灼基的夙愿，也对我国学术界做出了重要贡献。

经过50年的艰苦努力，萧灼基教授最终完成了他宏伟而艰巨的心愿。在这50年里，他不仅对《马克思恩格斯全集》和《资本论》等文献资料下了很多功夫，还在65岁时，专程前往欧洲考察，展示出他坚定的决心和毅力。“读万卷书，行万里路”，可以说萧灼基教授正是这样的学者。

启迪青少年

萧灼基教授花费了长达50年的时间完成自己的心愿，这50年来他一直坚持不懈，目标始终如一，这种执着的精神让人深感敬佩。这启示我们在追求自己的梦想时，要坚定不移，不要轻易放弃，要相信只要坚持，梦想就一定会实现。同时，萧灼基教授的故事告诉我们，做研究这件事是“纸上得来终觉浅，绝知此事要躬行”，踏踏实实地做好实地考察，才能写出高质量的有影响力的著作。

张五常："学渣" 逆袭记

张五常，新制度经济学和现代产权经济学理论的奠基人。1935 年生于中国香港，后随双亲到广西避难，目睹了农村的贫困艰苦，从小就希望国家富强，人民幸福。青年时他远赴加拿大和美国深造，师从现代新制度经济学大师阿尔奇安。他于 1967 年获博士学位，先后任教于芝加哥大学、华盛顿大学，曾当选美国西部经济学会会长，是唯一一位未获诺贝尔奖却被邀请参加颁奖典礼的经济学者。他与现代产权大师罗纳德·科斯、拉姆·巴泽尔共事多年，其思想互相影响和激励。1982 年起回国任香港大学经济金融学院院长和教授。他擅长中国经济的制度分析、政策建议，在中国经济学发展和改革开放中发挥了重要作用。

张五常进一步发展了产权理论及交易费用概念，主张只要产权得到完善界定，就可以使资源得到有效运用。他的两部著作——《佃农理论》和《蜜蜂的神话》在学术界享有很高的声誉。代表作有《卖桔者言》《中国的经济制度》《货币战略论》《经济解释》等。

1935 年 12 月，张五常出生于香港一个富裕的商人家庭。这个大家庭人口很多，兄弟姐妹加起来有 11 人，张五常排行第九。那时候父亲常年在外忙于生意，几乎没时间管教几个孩子。张五常记忆中，16 岁之前，他们父子从未正经地说过几句话，所以，他小时候大部分时间都是个“自由人”。

1941 年张五常刚满 6 岁时，日军攻占香港，香港沦陷，母亲带着他逃难到了广西，过了三年多的饥荒日子。在那段可怕的时间里，有两件事情对张五常今后的发展产生了很大影响：一是张五常经常在田野中游荡，掌握了中国农业第一手资料，看到了中国农民生活之苦，这为他今后的工作埋下了种子；二是张五常向一位逃难的古文老师学习古文和诗词，这对他今后的写作风格产生了很大影响。

1945 年战争结束之后，张五常又随母亲回到香港读小学。那时候的张五常性格顽劣，常常逃学，以至于被学校开除，中学时还破过三项纪录：一是，他是这个学校唯一一个从小学升初一后，又从初一再降回六年级的人；二是，他在学校时犯小过三次，大过五次；三是，他是唯一一个被华英附小赶出校门的人。

不过在学校“失败”的张五常，却在学校之外的街头巷尾获得了各种“成功”。11 岁就在广州获得了中国跳棋冠军；15 岁就可以和三个人一起对弈三局；17 岁时教一位比他小三岁的孩子打乒乓球，这个徒弟 1959 年在匈牙利获得世界乒乓球比赛男子单打冠军；19 岁时他拿起相机，第一次拍摄的两幅作品就入选了香港国际摄影沙龙，还刊登在当年的国际摄影年鉴上。不可否认的是，他的确是一个非常聪明、很有天赋的孩子。

直到 1954 年，张五常变得不一样了。这一年，他被香港著名的中学皇仁书院开除，不久他的父亲也病重。父亲在去世前，特地将张五常叫到医院病房，与他认真地进行了一次深入的谈话。父亲对他说：“在学校读书不成不代表事业的终结。我离开后你要到我的商店学习、工作，等待另一个机会再去追求学问。你要记住，我平生最敬重的是有学问的人。”

这次谈话是张五常人生的一个重要转折点。父亲去世之后，张五常为了父亲遗留下来的生意到了加拿大多伦多。这次旅程的种种际遇成了他人生最重要的求学之路，而他仅仅花了9年时间就成为顶尖大学的教授。

启迪青少年

张五常的故事启示我们：在人生的道路上，我们难免会走错方向或者犯些错误，但是这并不代表我们就必须一直沉浸在过去的错误中。无论我们的过去是怎样的，只要我们意识到自己的错误，认真思考，积极行动，学会重新开始，向着理想奋斗不息，坚强而执着地前行，就一定能够实现自己的梦想，改变自己的人生轨迹，创造属于自己的美好生活。

科斯：心系中国经济的外国经济学家

罗纳德·科斯（1910—2013），出生于英国伦敦，毕业于伦敦经济学院。他是新制度经济学的鼻祖，产权理论的奠基人。1951年起，他先后在布法罗大学、弗吉尼亚大学出任经济学教授。1964年起任芝加哥大学法学院经济学教授。1991年因其发现和澄清了交易费用和产权对经济体制的生产制度结构及其运作的作用和意义，而获诺贝尔经济学奖。他被认为是制度经济学的创始人之一。

科斯对经济学的贡献主要体现在他的《企业的性质》和《社会成本问题》之中。《企业的性质》以交易成本概念解释企业规模，突破了传统零交易成本理论的局限，奠

定了现代企业理论的基础。《社会成本问题》主张完善产权界定可解决外部性问题，文中思想为经济分析法学奠定了基础。科斯的学术成果不但启发了大批后续论著诞生，而且促成了经济学中新制度经济学、法学中经济分析法学两大学派的创立和发展。

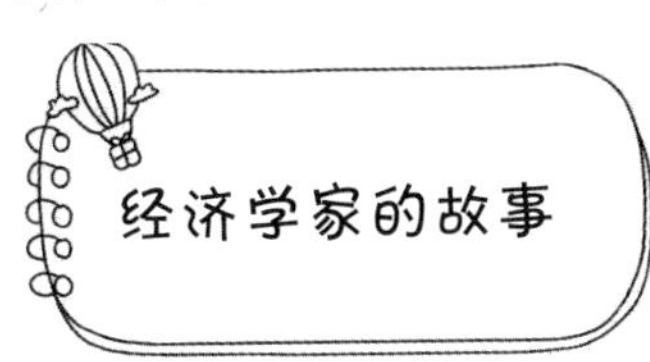

作为西方经济学界的领军人物，科斯在中国具有很高的知名度，赢得了不少中国学者的敬意。究其原因，一是因为他对中国改革给予了长期的关注，并且还对中国经济问题提出过很多忠告，他的理论对中国经济改革影响深远，如今活跃在中国经济领域的经济学家或多或少都受过他的影响和启发。二是科斯对中国的特殊感情。科斯对中国的关注，首先源自他少年时读过的马可·波罗的游记。书中提到的西方崛起之前，中国取得的巨大成就令他叹服，他因此对这个文明古国甚为向往，成年之后他也一直关注着中国的巨大变化。在他看来，中国一直是一个值得冒险去发现的神秘大陆。1987 年，他在纪念《企业的性质》发表 50 周年研讨会上演讲时说："我想再度扬帆探寻通往中国之路，即使我此刻所做的一切可能是发现了美洲，我也不会感到失望。"

因为对中国的喜爱，科斯很愿意结交中国朋友，与多位中国经济学家交往颇深。20 世纪 60 年代他就认识了张五常，非常欣赏其才华，80 年代初期，还极力主张张五常去香港大学，因为他认为这里是研究中国经济改革最好的地方。1993 年，科斯还邀请中国经济学家盛洪以访问学者的身份前往芝加哥大学。

不仅为中国学者提供机会，科斯还自掏腰包，不遗余力支持国际学术界对中国问题进行研究。2008 年，中国改革开放三十周年之际，已 98 岁高龄的科斯通过科斯基金，在芝加哥大学亲自主持召开“中国经济制度变革三十周年国际学术研讨会”。会议邀请数十位中国企业家、学者和官员，以及众多国际顶级经济学家齐聚一堂，共同讨论中国经济制度变革的历史经验、未来前景及对经济学的贡献。科斯还邀请张五常为会议撰写主题论文，这篇论文就是后来张五常以中英文同时出版的名作《中国的经济制度》。在会议的最后，科斯以一句“我将长眠，祝福中国”结束了闭幕词，他对中国的深厚情感从中可见一斑。

科斯对中国的关注和深情，体现了他对中国经济改革的认可和赞赏。2013 年科斯在芝加哥去世之后，他墓地的石碑上面有这样一句话：他的思想，曾经鼓舞了伟大的中国转型。

启迪青少年

科斯对中国的关注和研究，以及与中国学者的交往和合作，表明了他对中国经济改革的重视和认可。他因马可·波罗的游记对中国的古老文明和辉煌历史产生了浓厚的兴趣，这促使他长期关注中国的变革和发展，并且为中国的经济改革提供了有益的理论支持，对中国的经济发展产生了深远的影响。他的故事启示我们对自己感兴趣的问题要有探究精神，可以用自身所学在自己感兴趣的领域做出贡献。

米尔顿·弗里德曼：中国最知名的外访者

米尔顿·弗里德曼（1912—2006），美国经济学家，以研究宏观经济学、微观经济学、经济史、统计学及主张自由放任资本主义而闻名。他被誉为20世纪最具影响力的经济学家及学者之一。1976年获得诺贝尔经济学奖，1988年获得美国国家科学奖章和总统自由勋章。

弗里德曼是宏观经济学的重塑者，带领美国经济走出“滞胀”的领头者。他的理论影响了经济学家对通货膨胀、失业、经济危机等重要经济现象的思考方式，让中央银行重新认识了货币政策对经济稳定的贡献，并将他的理论付

诸实践，让美国摆脱了滞胀的困扰，重回经济增长与繁荣的轨道。

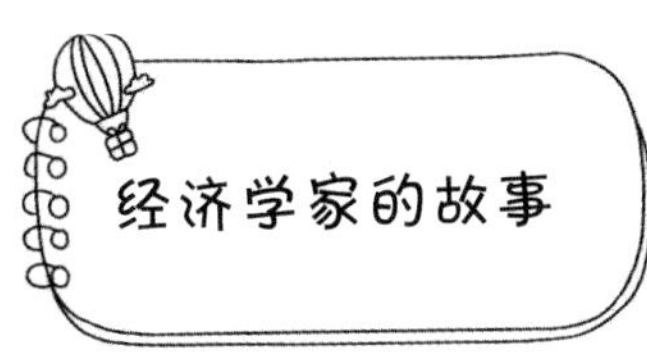

弗里德曼一生热爱旅游，他与妻子一同前往过欧洲、亚洲、美洲的多个国家，每到一个国家，他都会特别关注这个国家的经济发展，很多国家的经济政策都受到了弗里德曼的影响。

中国当然也不例外。弗里德曼曾说他是中国最知名的外访者之一。1980 年、1988 年、1993 年，弗里德曼曾三次来华访问。在他与夫人合著的自传《两个幸运的人》中，他曾写道："对中国的三次访问是我们一生中最神奇的经历之一。"

其中 1980 年的访问是唯一一次由官方正式邀请的访问，邀请者是中国社科院世界经济研究所。邀请者希望弗里德曼就世界经济、通货膨胀、计划经济社会中市场的运作等问题发表演讲。通过这次演讲和交流，弗里德曼发现当时的中国人对经济问题知之甚少，对市场体制运作的方式更是一无所知。比如，在一次座谈中，一位将要前往美国考察的官员问道："在美国谁负责物资分配?"弗里德曼"吓了一跳"。他建议这位官员去芝加哥商品交易所看看，了解一下没有中央分配者的经济体制是怎样运转的。

1988年，弗里德曼再度访问中国时，中国发生的变化让他对中国经济的印象大为改观。在这次访问中，弗里德曼在各地走访了许多正在蓬勃发展的商品市场，他充分感受到了中国经济发展的生机和活力，更让他惊喜的是中国人民在经济思想上的进步和变化。当时他在上海复旦大学做了一次以“如何制止日益严重的通货膨胀”为主题的演讲，演讲没有翻译，但是很多学生都能听懂他讲的内容，并提出高质量的问题。

1993年10月，弗里德曼最后一次访问中国，这时的中国改革开始快速发展。弗里德曼不仅访问了北京和上海，还访问了成都、重庆等地，这些地方私营企业、民间商业的发展给弗里德曼留下了深刻的印象。面对媒体采访，他表示对中国的经济前景持乐观态度，并且提到中国已经认识到市场机制的优越所在，只会勇往直前，不会再后退。他相信，中国持续改革开放完全可以在三十年内取得西方国家两百年取得的成绩。

弗里德曼对中国的这三次访问，几乎可以说是当时中美之间知识文化交流的缩影。尽管每一次都行色匆匆，但中国发生的变化屡屡给他留下深刻印象。他见证了中国从计划经济体制走向市场经济体制的社会变迁过程，也近距离地感受到了中国改革从开始到深入，经历反复并重新加速发展的奇迹。同时在这个过程中他也尽力向中国人介绍和表达了他自己的思想观念，深入影响了一大批中国人，中国也因此受益良多。

弗里德曼一直保持着对经济学的热爱，坚持对新的经济现象和问题进行探索和研究。哪怕每次访问都会花费大量的时间和精力，他依然对中国进行了三次深入的访问。他的执行力和恒心并没有白费。在这个过程中，他抱着开放的心态和实事求是的态度对中国的改革开放和经济发展进行了细致的观察和研究，使他能够更好地理解中国的情况，客观地评估中国的改革成果和问题，并从中获得深入的见解。同时，在访问期间，弗里德曼与中国的经济学家和政策制定者进行了广泛的交流，深入了解了中国的经济改革进程和挑战，从而提出了有建设性的意见和建议。最终弗里德曼成为在中国最有影响力的外国经济学家之一。

艾伦·格林斯潘：经济学家中的音乐人

艾伦·格林斯潘于1926年3月6日生于纽约市。1948年获纽约大学经济学学士学位，1950年获经济学硕士学位，1977年获经济学博士学位。1970年任美国总统经济顾问委员会顾问，1974—1977年任主席。1981年任美国总统经济顾问委员会成员。1981—1983年任美国全国社会保险改革委员会主席。1982年任美国总统国外情报顾问委员会成员。1987—2006年任美国联邦储备委员会主席，任期跨越6届美国总统，这是美国历史上绝无仅有的。

艾伦·格林斯潘在1987年8月11日—2006年1月31

日一直担任美国联邦储备委员会主席。在他引导下的美国经济经历过两次衰退、一次股市泡沫和一次历史上最长的经济增长期，在克林顿时代更是创造出了“零通胀”的经济奇迹。因此格林斯潘被许多人认为是美国国家经济政策的权威和决定性人物。在他人生的巅峰时刻，他被称为全球的“经济沙皇”“美元总统”。伊丽莎白女王授予他英国爵士称号，法国也给予他法国荣誉勋章的最高荣誉。

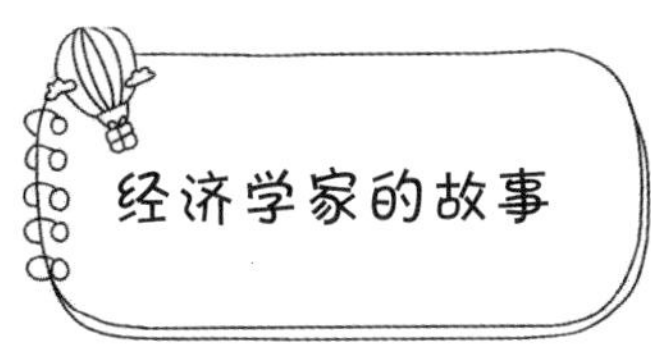

在美国，如果有人问，除了总统，谁对经济的影响最大？人们都会说是“艾伦·格林斯潘”。因为总统跺跺脚，打颤的不过是白宫，可格林斯潘一打喷嚏，全球都得下雨。

谁能想到就是这样一位厉害的金融奇才，曾经差点成为一名普通的职业音乐人。

1926 年 3 月 6 日，格林斯潘出生于纽约，他的父亲是名股票经纪人，母亲在零售店工作。格林斯潘从小就和母亲的感情特别深，在母亲能歌善舞的熏陶下，他也很早就迷上了音乐，成为一名职业音乐人是他最初的理想。在乔治·华盛顿中学读书时，他就开始学吹单簧管，后来还进了著名的纽约朱利亚音乐学院，曾和斯坦·盖茨同窗共学吹奏萨克斯管，而后者如今已是名扬天下的萨克斯管演奏家了。

当时，爵士乐在美国风行一时，格林斯潘也赶上了潮流，加盟了一个爵士乐乐队，一年里走南闯北，四处巡游，甚至还到过纽约著名的“时代广场”进行表演。

在乐队里，他不仅是出色的萨克斯管手，还是合格的记账员。这要归功于他的父亲，从事股票经纪人工作的父亲把自己对数字和金融的天赋传给了儿子。因此格林斯潘很小就对在别人眼里无聊的数字游戏如痴如醉，大约5岁他就学会了3位数的加减法心算。因此在乐队期间，他常常利用演出间歇自学金融税务知识，现炒现卖地帮队友填报纳税申报表。在他们乐队热度散去之后，经常面临的断粮的窘迫让格林斯潘逐渐意识到自己在音乐方面可能只是“小有出息”，很难再有长进，而他对金融领域有更饱满的热情。

于是他告别了乐队的伙伴，进入纽约大学学习经济学，他先后以优秀的成绩获得经济学学士学位和硕士学位，后来又到哥伦比亚大学继续深造。就在那里，他遇到了他的第一位重要的良师益友，也是后来在尼克松政府中担任美联储主席的来瑟·博恩斯教授。他与博恩斯的友谊成为他后来进入美联储的入场券，金融奇才的传奇从此书写。

启迪青少年

从一个梦想成为职业音乐家的少年，到成为美国联邦储备委员会主席，格林斯潘的人生经历告诉我们，人生并不是一成不变的，而是一个充满无限可能的旅程。如果我们一直拘泥于现状，就会错过更多的机会和挑战，无法激发自己的最大潜力，要知道成功的关键就在于如何适应和应对生活中的变化和挑战。因此，只要我们有恒心、有耐心，敢于突破自己，勇于探索未知领域，就能找到属于自己的道路，创造出属于自己的精彩人生。

决心篇

在“决心”这间房里，小明见到了白圭、魏征、李觏、马洪、马克思、凡勃伦这几位经济学家。他们聊了“决心”这个主题，小明觉得获益良多。

您是如何处理外界的负面影响和干扰以保持决心的？ 小明

白圭 我处理外界的负面影响和干扰是通过保持积极的心态和专注于自己的目标，同时学会过滤外界的干扰。

您是如何克服困难和挫折的呢？ 小明

魏征 我克服困难和挫折是通过积极的心态和寻找解决问题的方法，同时接受失败并从中学习。

您认为决心和毅力有什么区别？ 小明

李觏 我认为决心是明确目标并努力实现的意愿，而毅力是在困难和挫折面前坚决不放弃的能力。

您是如何保持坚定的决心和强大的行动力的呢？ 小明

马洪：我保持对目标的决心和动力是通过明确目标的重要性和意义，并不断提醒自己这些理由。

小明：您是如何做到每天工作10个小时的？

马克思：对研究的热情、对知识的渴求，让我并不觉得10个小时的工作十分难熬。我相信，当你找到人生目标或者事业之后，就会有坚韧不拔的决心。

小明：您师从很多老师，是怎么下定决心改专业的？

凡勃伦：我觉得要找到真正的兴趣，并坚持信念、坚定执行，就能获得成功。

经济学家们：不妨看看我们的人生经历和故事吧！加油！

白圭：独到理念，贯彻执行

白圭（前 370—前 300），原名丹，是战国时期的人物，出生于东周都城洛阳。他在魏国担任相位时展现出了卓越的治水才能，成功解除了魏都城大梁的黄河水患。后来，由于魏国政治腐败，他游历了中山国和齐国，最终放弃政治而从商。据《汉书》记载，白圭被认为是经商发展生产的理论奠基人，是先秦时期商业经营思想家。同时，他也是一位知名的经济谋略家和财务专家。据传，白圭的师傅是鬼谷子，而据说鬼谷子得到一本名为《金书》的秘籍，里面包含了致富之道（“将欲取之必先与之”“世无可抵则深隐以待时”），鬼谷子将这些方法传授给白圭。

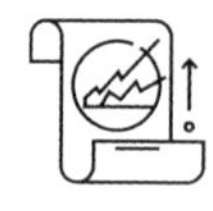

白圭理财思想的核心理念是“积极适应变化”，即根据对市场行情变化的预测来做出理财决策。他提出了“人弃我取，人取我予”的理财决策思想，这体现了“贵极则贱”的原则。白圭认为“时变”也包括农业丰歉对商品价格和供求的影响。他认为在凶灾之年，粮食歉收，但其他农副产品未必减产。因此，社会出现丰年粮价比其他农副产品价格相对较低、灾年相对较高的情况。因此，白圭在丰年买进价格较低的粮食，卖出价格较高的农副产品；在灾年则卖出粮食，买进农副产品。要做到这一点，必须能够预测农业丰歉，而不能等到丰歉已经显现。因此，白圭对预测农业丰歉也提出了一套行之有效的理论。

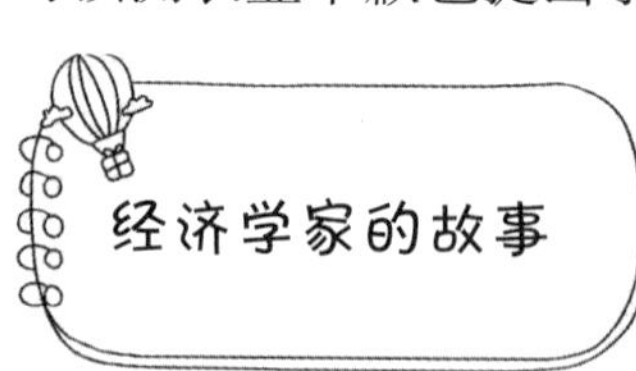

从前，在古老的洛阳城，有一个叫白圭的商人，他并不盲目跟风，而是坚持自己独到的经商理念，从而成为一代商业传奇。

洛阳城本是周朝建立的一个军事和政治重镇。在周公

征服殷人后，为了避免亡殷贵族策动遗民重起叛乱，便将这些人以“顽民”之名统一安置在洛阳，以便加强监督管理。这些“顽民”不能参与政治活动，因此大多数人转而从事商业。随着时间的推移，洛阳的商业日益繁荣，珠宝生意成为当时最赚钱的行当。

然而，白圭并没有跟随他人的脚步去从事珠宝生意，而是选择了一条不同的道路——他专注于农副产品的大宗贸易，包括农产品、农村手工业原料和产品等。这一经营策略主要受到李悝“变法改革”的启发：农业生产迅速发展，农副产品的经营将会成为利润丰厚的行业。白圭深信“欲长钱，取下谷”。尽管生活必需品的利润较低，但消费弹性小，成交量大，因此通过大宗交易也能获得丰厚利润。

白圭坚信自己的选择，深入市场了解情况，熟知城乡谷价。他的经商理念强调“薄利多销，积累长远”，而非囤积居奇、在荒年哄抬物价。他始终坚持以公平的价格购进和销售商品，以此来满足百姓的需求，保护农民、个体手工业者以及一般消费者的利益。由于他的诚信经营和为民着想，白圭很快就积累了大量财富，成为一代商业巨头。他对市场信息极为重视，反应也极快，一旦出现机遇，就果断地行动起来，绝不错过任何一次良机。同时，他克勤克俭，与雇工同甘共苦，精心创业，绝不会因为赚了钱就挥霍浪费。

白圭还强调商人要有丰富的知识，同时具备“智”“勇”“仁”“强”等素质，既要有姜子牙的谋略，又要有孙子用兵的韬略，更要有商鞅那一套严厉的团队管理制度。正是凭借这些经商理论，白圭成为后世商人效法和借鉴的榜样，被尊称为“商圣”。

启迪青少年

首先，白圭的经商理念强调了执行力和恒心的重要性。他不仅有独到的经商理念，还能够抓住机会，坚定地贯彻执行。其次，他对于市场信息的重视和快速反应也向我们展示了在商业中灵活应对变化的重要性。最后，他诚信经营和为民着想的态度也令人钦佩，这种价值观在商业中同样具有重要意义。

白圭的故事告诉我们，成功的商人不仅需要独到的经商理念，还需要执行力和恒心，以及对市场的敏锐洞察力和诚信经营的价值观。这些品质和态度对于当今的商业世界具有重要意义，希望我们能够从中汲取经验，不断提升自己在日常生活中的能力和素养。

魏征：哪有简简单单的成功？

生平简介

魏征（580—643），字玄成，巨鹿郡下曲阳县人。他曾担任谏议大夫、左光禄大夫，封郑国公，谥号“文贞”。他因为直言敢谏而闻名，是中国历史上最有声望的谏臣之一。他在唐太宗建立“贞观之治”的事业中发挥了重要作用，被后人称为“一代名相”。他的著作包括《隋书》序论，以及《梁书》《陈书》《齐书》的总论等。他的言论经常出现在《贞观政要》中。《谏太宗十思疏》是他最著名的谏文表，至今流传不衰。

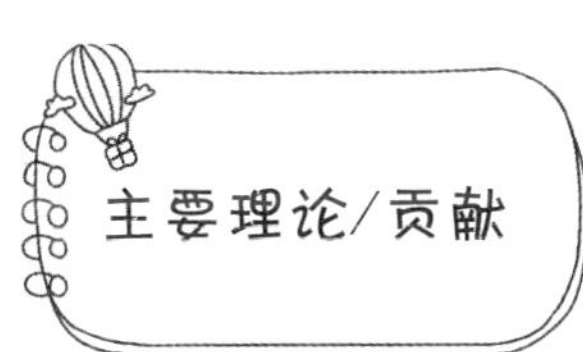

主要理论/贡献

魏征的民本观源自儒家思想，结合了隋朝覆灭的教训和唐朝初期的社会发展情况，具有明显的君民和谐共生特点。他提出了“含养百姓”的思想策略，以巩固封建统治。魏征的经济思想主要包括以下三个方面。

首先，他主张减轻赋税和租税的负担。他劝谏唐太宗不要让百姓过度劳累，而要给予他们稳定的社会生活环境。其次，他关注如何提高统治者在民间的声望，以维持社会的稳定。他提出了“安抚黎元，各付生业”的观点。最后，当民众基本的生存问题解决之后，他将注意力转向了教化民众。他主张“因民而教”，将教化的目的定位在“劝人为善”上。

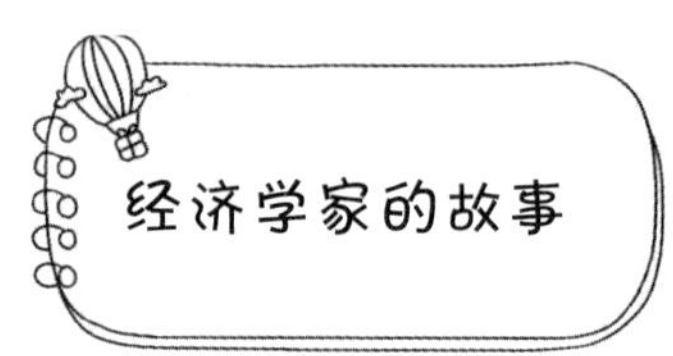

经济学家的故事

透过历史的尘埃，魏征的一生是如何走向成功的呢？

魏征幼年丧父，这是他人生中第一次艰难的经历。他的父亲魏长贤文采出众，在北齐王朝负责编纂国史工作，但由于性情耿直，上书讥讽北齐皇帝，因而遭到贬谪。父亲去世后，魏征家庭陷入了贫困。正是因为这个原因，魏征勤奋地攻读儒家学问。但他所处的时代正值隋末大乱，那些有学问的人失去了进入仕途的机会，他满腹才华，却感受到了世道的残酷和沉重。时年 35 岁的他因为无所事事而感到苦闷和彷徨，最终选择了出家做道士，希望与现实生活彻底决裂。然而，道士的生活并不是他真心所愿，反而让他更加迷茫。

世道大乱，隋朝的版图就像崩塌的山峦，到处都是碎石，阻止了魏征的人生出路，但无法阻止机遇的到来。不过，从另一个角度来看，也是他遭遇更多人生挫折和曲折的起点。当各方势力崛起，群雄逐鹿之时，魏征果断选择出山，主动寻找机会。在武阳郡郡丞的推荐下，他参加了李密的瓦岗军，并获得了李密的器重，担任元帅府文学参军。就像诸葛亮作出《隆中对》，他向李密提出自己的战略思维，为他谋划天下。李密欣赏他的才华，但未能付诸行动。

不久之后，他与李密一同归降李渊。在招降瓦岗军旧部时，他被窦建德俘获，被迫成为“起居舍人”。唐武德四年（621年），李世民率军攻打王世充，王世充请求窦建德支援。同年5月，李世民围攻窦建德并取得了胜利，将窦建德活捉。因此，魏征再次回到大唐。但魏征此时并未得到李世民的重视，相反，他成为李建成的幕僚，在皇储争夺中为李建成出谋划策。他提出早日找到机会立功，树立威望，扩大影响，结交人才的策略。然而，李建成并非魏征的明主。

唐武德九年（626年）的6月，尽管天气炎热，大唐却经历了令人颤抖的“玄武门之变”。老皇帝李渊成为这场亲情悲剧的最大冲击者，开始变得心灰意冷。在事变的第三天，李渊正式宣布李世民为皇太子，后禅位于李世民。这次权力交接的正式完成，似乎宣告魏征人生前途又蒙上了一层阴影。

但“天将降大任于斯人也”，经历了这么多考验的魏征最终与李世民一拍即合，成为贞观之治的功臣。

启迪青少年

魏征的人生经历充满了坎坷和挫折，但他始终保持着恒心和毅力，最终取得了巨大的成功。从小丧父、家境贫困，都没有将他击垮，他仍旧勤奋读书。尽管时代不允许他进入仕途，他依然保持着对知识的追求。在隋朝崩溃的时候，魏征相继跟随了李密等多位君主，一次次地不受重用，一次次地被现实打磨，但他从未言弃。在隋末这段波涛汹涌的行程中，无数舰船都沉入了历史的巨浪中，魏征经受了无数次挫折后最终登上了李世民打造的大唐之船，得到了他应有的重视。他成为李世民的重要幕僚，为大唐的建设和贞观之治做出了巨大贡献。魏征的一生激励我们，无论遇到多少困难和挫折，只要保持恒心和毅力，坚持追求自己的目标，最终就能取得成功。

李觏：永葆热忱，坚持不懈

李觏（1009—1059），字泰伯，出生于北宋建昌军南城，是北宋时期的哲学家、思想家、教育家和改革家。李觏出身贫寒，自称为“南城小民”。从小聪明好学，5岁就懂声律，并开始学习写字，10岁能通诗文。20岁后，他的文章渐渐有了名声，但是他在科举考试中一次又一次地受挫，前途渺茫。从此之后，他退居家中，一边照顾年迈的母亲，一边专心著述。李觏博学多识，尤其擅长礼仪。他不拘泥于汉、唐时期儒家的旧说，敢于表达自己的见解，通过推理经义，成为“一时儒宗”。

第一，义利观上，认为“理财乃所谓义”的李觏注重

功利，提倡乐利，认为“饮食男女”是“人之大欲”。李觏认为，言利求欲，只要符合礼的规定，就不是贪与淫。义和利二者是可以统一的。第二，财富生产方面，李觏是一个注重生民实际利益的思想家，对人民的衣食生计极为关心，因此，他特别注意研究经济领域的各种问题。为了解决土地这个根本问题，李觏反复强调平土均田、抑制土地兼并、制止两极分化的主张。第三，关于财富分配，李觏主张抑制豪强兼并的思想和行为。第四，在财富消费方面，李觏从肯定“利”“义”的角度出发，提出了“奢侈有制”的主俭论。此外，李觏根据当时社会上分配不均严重影响消费的情况，提出“上下有等”的分配消费管理原则。

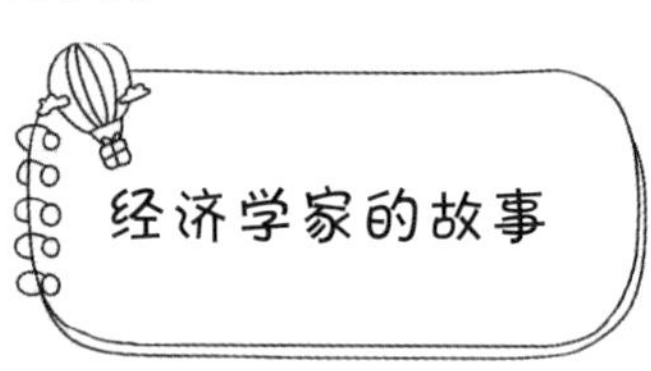

从前，有一个叫李觏的年轻文人，他有一个梦想，就是通过科举入仕。在那个时代，科举入仕是文人普遍的、也最为光荣的理想，每个文人都渴望着能够通过科举来改变自己的命运。李觏来自一个贫穷的家庭，他的祖上曾经是官员，但到了他父亲那一代，家境变得贫困。更加不幸的是，在李觏 14 岁那一年，他的父亲去世了，这让他和母亲的生活变得更加艰难。在母亲辛苦谋生的过程中，李觏深刻地意识到，通过科举入仕是改变自己命运的必要途径。

李觏曾认为，他是一个平凡的人，出身贫寒，从小就没有享受过宠爱。他在 23 岁时，依然没有得到一官半职，家里也没有任何财富可以依靠。每天天一亮就起床，背诵孔子、孟子等圣人的言论，通过写文章来表达他对国家和人民的关心。他还努力学习农耕技术和战争策略，为未来进入朝廷做好准备。他忍受着严寒和饥饿的煎熬，始终坚持着。

从人生轨迹上可以看出，李觏对科举入仕的重视和追求是显而易见的：李觏成年后两次应试都没有中第；29 岁时，他参加乡举却失败了；34 岁时，他入京应试又一次失败了；37 岁时，他被余靖（北宋政治家）举荐于朝廷；41 岁时，范仲淹（北宋政治家）举荐李觏入仕；42 岁时，范仲淹再次举荐李觏入仕；49 岁时，国子监（中国古代最高教育机构）荐李觏为太学说书。除此之外，李觏还曾多方寻求举荐，找过孙知县、苏绅，等等。可以说，他不仅是为了自我提升，更是一直在不断追寻科举的机会。

但是现实是不尽如人意的，在北宋庆历二年（公元 1042 年）的时候，李觏终于有机会参加制举，这是一项全国性的考试。然而，在其中一个环节，考官要求背诵一些经文，这与李觏一贯提倡的经世致用的思想不符。他在其《论文》（今人往往号能文，意熟词陈未足云。若见江鱼须恸哭，腹中曾有屈原坟。）中就对当时人们的文化水平提出批判，指出虽然他们自称有文化修养，但实际上只是熟悉一些陈旧的词句。因此，李觏毅然决然地选择了放弃考试。

李觏对科举感到非常失望，他下定决心不再参加科举，自叹："生处僻遐，不自进孰进哉！"（意思是，身处边远偏僻的地方，自己不上进怎么进步呢！）于是李觏归乡，开始创办学院，著名的"盱江书院"就是李觏一手建办的，并有"一时儒宗"之誉。

启迪青少年

李觏是一个富有雄心壮志的年轻人，他从小就渴望通过科举入仕，改变自己和家族的命运。然而，在追求科举梦想的道路上，李觏遇到了一次又一次的失败。无论是自己考试不中，还是多次寻求举荐未果，他都没有放弃。这种坚持和不屈不挠的精神令人深受触动。虽然李觏的坚持在最初的人生目标入仕上并没有成功，但是李觏的人生就失败了吗？我想，在千年后的今天，我们可以做出真正有价值的判断，北宋少了一名官员，中国多了一名真正的思想家。真正的成功并不一定要通过传统的途径，我们可以在新的领域中找到发展机会，创造属于自己的价值。

马洪：勤勉务实的中国经济学家

马洪（1920—2007），原名牛仁权，后来，为了做秘密工作的需要，在延安时将名字改为马洪。他是中国杰出的经济学家、改革家，出生于山西定襄待阳村。是中共十二届中央委员会候补委员，曾兼任北京大学、清华大学、上海交通大学、中国人民大学、复旦大学等校教授，他主持的《2000 年的中国》是制定“七五”计划和长远规划的主要参考文件。从抗日战争到新中国的成立和改革开放时期，马洪先生在不同领域都留下了深刻的印记，是老一辈经济学家中为数不多的进行跨学科研究并取得全面成就的学者，是中国经济学和管理学理论研究的先驱，是改革开放时期经济决策咨询工作的杰出的开拓者和组织领导者。曾获国内第一个授予个人、对个人成就进行奖励的中国最高规格的经济学奖项。

马洪对中国经济的主要贡献在于：第一，他推动了管理学在中国的普及。马洪引入了美国商学院的管理课程，根据中国的国情，创立了适合中国的企业管理理论，推动了企业制度的现代化发展。第二，他改造了传统工业经济学。在改革开放的背景下，马洪将工业经济视为以加工业为主体的产业体系，试图用产业政策替代传统的工业政策。这一研究为现代中国产业政策的理论和框架奠定了基础，让产业政策成为中国经济不可或缺的一部分。第三，他极大地推动了计划经济体制向社会主义市场经济体制的转变。马洪是改革开放有力的推动者之一，他认为中国的经济体制改革的基本方向是从以往高度集中的指令性计划经济体制向着社会主义市场经济体制去转变的，并提出了减少指令性计划、逐步取消价格双轨制、改变经营机制、完善消费品市场以及建设市场法规和社会保障制度五个关键建议，为中国的市场改革提供了重要的理论支持。

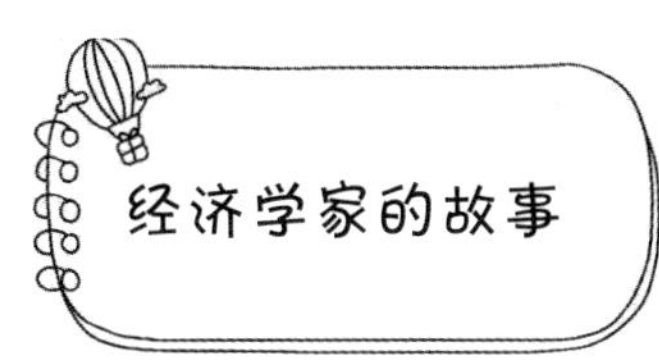

经济学家的故事

马洪于1920年出生在山西定襄，一个普通的农民家庭。早年，他在家乡接受教育。1931年抗日战争爆发后，抗日救国成为举国上下的主旋律，青年马洪也投身其中。为了保护家人，他改名为“牛黄”，以避免被日本侵略者发现。随后马洪迅速加入中国共产党领导下的牺牲会，并活跃于山西地区，开展抗日宣传活动。1938年，他前往当时中国共产党的重要据点延安做报告，当时马洪的报告引起了陈云等领导人的注意。陈云决定让马洪从事更加秘密的工作，并且在陈云的建议下，他改名为“马洪”，成为革命的一份子。抗日战争期间，马洪一直活跃于陕甘宁边区政府并致力于理论宣传，对抗日战争的胜利做出了重要的贡献。

然而，1954年，马洪受到政治牵连，被撤销了党内职务。1954又被下放到北京市第三建筑工程公司担任副经理。从国家计划委员会直落到建筑工地，这样的遭遇使得马洪内心苦闷不已，但他仍表现出了坚韧不拔、乐观积极的品质，他始终认为掌握的知识都是来源于实践，应该把握这个机会学习新知识。于是马洪索性从零开始，将满腔斗志投入到建筑行业中去，很快他就熟悉了建筑行业的特点，并迅速成为建筑领域的管理专家。1956年，马洪的卓越才能使其又得到重用，他被调到国家经济委员会政策研究室从事经济理论研究工作。他在这个领域取得了巨大的成就，起草了许多与经济有关的政策性文件，为中国计划经济体系的建立提供了理论依据。

马洪的影响还远不止于此。20 世纪 80 年代，马洪得到平反，受命创建中国社会科学院工业经济研究所并任所长。在改革开放的背景下，他始终一刻不停地在思考中国经济发展的出路。经过细致缜密的分析，马洪提出："中国的改革开放得从企业的制度改革开始做起，从企业的现代化管理做起!"作为一个行动派，马洪迅速前往美国学习先进经验。1979 年的 10 月，他从美国回来，将美国几所最好的商学院的管理课程介绍到了中国，并创建了一套中国自己的企业管理理论，这使得中国企业的活力开始迸发，之后中国的人均 GDP 开始直线上升。

启迪青少年

执行力和持之以恒的精神是马洪取得成功的关键。马洪不仅有着正确的理念和观点，认为经济学的最终目的是让人民过上更好的生活；更重要的是他能够将他的想法付诸实践，通过自己的努力和创新，切切实实地为中国的经济发展做出重要的贡献。他矢志不渝地推动管理学在中国的传播，创立了适合中国国情的企业管理理论，改革了传统的工业经济学，创立了产业经济学，为中国的产业经济和政策制定做出了贡献，并坚持不懈地推动改革和发展。他的故事告诉我们拥有正确的信念和坚定的执行力，才能实现自己的梦想。希望青少年们将来能够像马洪一样，坚定执行自己的理念，为社会的发展做出贡献。

卡尔·马克思：追求真理，勤于钻研

卡尔·马克思（1818—1883），是哲学家、政治经济学家、社会学家、政治学家、革命理论家、新闻从业者、历史学者；也是马克思主义的主要创始人、第一国际的组织者和领导者，被誉为全世界无产阶级和劳动人民的革命导师，国际共产主义运动的主要开创者。

马克思的工作是从经济学的角度解释工人和资本家间的关系，而这一工作为后来诸多经济思想奠定了基础。马克思亦是社会学与社会科学的鼻祖之一，一生出版过大量理论著作，包括 1848 年发表的《共产党宣言》和 1867 年至 1894 年出版的《资本论》。

主要理论/贡献

首先，马克思花费了大量时间研究，发现了人类社会发展的规律。他总结出了三种社会形态，分别是奴隶社会、封建社会和资本主义社会。马克思认为，国家的建立是文明时代开始的标志，而社会化大生产是人类社会发展中消灭阶级的关键。

其次，马克思创立了过渡时期学说，为无产阶级指明了彻底解放的道路。他认为社会主义社会将是社会发展的最后一个阶段，而无产阶级在这个过程中扮演着至关重要的角色，必须成为统治阶级。

再次，马克思发现了资本主义社会的经济运动规律，并揭示了剩余价值的存在。他指出，资本家通过剥削雇佣劳动者获得剩余价值，从而致富。这一发现揭示了资本主义社会必将被社会主义社会取代的命运。

最后，马克思建立了唯物主义观点。马克思主义哲学包括辩证唯物主义和历史唯物主义，它们是德国古典哲学的延续。辩证唯物主义认为世界的统一性在于其物质性，物质是一切变化的基础。运动是物质的存在形式，物质的运动是绝对的，而静止是相对的。

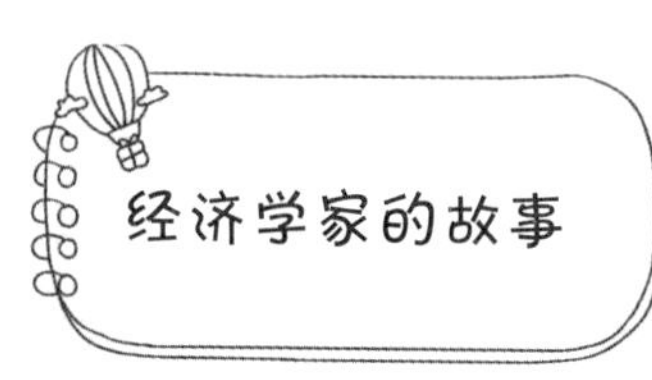

从前有一个读者，他来到伦敦大不列颠博物馆的图书馆阅览室。他手里拿着一本书，正准备坐在一个空座位上。这时，一个图书馆员走过来对他说："先生，请您不要坐在这个座位上，这是马克思的座位，他马上就要来了。"读者有些惊讶地问道："马克思？就是那位写《共产党宣言》的作者和工人领袖吗？"图书馆员微笑着回答："没错，就是他。这里放着马克思研究的工厂年报，他正在研究它。"读者思考了一会儿，然后问道："他每天都来吗？今天也一定会来吗？"图书馆员点头笑道："他每天都会来的。这些年来，马克思每天都在这里工作，一天工作10个小时。我在这里已经工作了20年，他是我见过最勤奋、最准时的读者。"

图书馆员转身去忙自己的工作。读者站在原地思索着，目光落在马克思座位上的一堆书上。多年来，马克思每天都在伦敦大不列颠博物馆的图书馆里工作10个小时，回到家后还持续工作到深夜。他阅读了1 500多本书，写下了提纲、内容摘要和笔记，这些提纲和笔记最终编成了许多著作。

他对各个科学领域都有着极高的研究热情，包括历史、哲学、经济学、法律学、物理学、化学、数学、语言学和文学等。他不断深入研究，追求自己发现的新思想。他的好友恩格斯曾经说过，马克思在写作时，只有当他确定已经参考了所有相关书籍，考虑了所有疑点，并全面探讨了所有论点后，才会动笔。

这就是马克思，一个孜孜不倦的学者，一个为了追求真理而不断努力的人。他的工作精神和毅力令人钦佩，他的著作将永远为后人所铭记。

启迪青少年

马克思的工作态度和研究成果，展现了他作为一名学者的恒心和执行力。马克思的工作精神和毅力值得敬佩。他每天工作 10 个小时，在伦敦大不列颠博物馆的图书馆里埋头苦读，回到家后还继续工作到深夜。正是他对研究的热情和对知识的不懈的追求，让他成为近现代最伟大的思想家，深远地影响了社会的发展。希望青少年能够像马克思一样保持恒心和执行力，不断追求真理，为人类社会的进步贡献自己的力量。

凡勃伦：坚持铸就成功

托斯丹·邦德·凡勃伦（1857—1929）是美国一位伟大的经济学家，也是制度经济学的奠基人，其代表作是《有闲阶级论》。制度经济学是凡勃伦和约翰·R. 康芒斯（John R. Commons）创立的重要学派，后来的凡勃伦追随者们如韦斯利·克莱尔（Wesley Clair）、约翰·莫里斯·克拉克（John Maurice Clark）等人都在这一学派的发展中发挥了重要作用。尽管他以多发表辛辣的社会批评而为人所知，但他亦是一位经济学家，曾担任政治经济学杂志的首席编辑，并就经济学方法论问题发表了许多著述。

第一，凡勃伦提出了“凡勃伦效应”，即消费者对商

品的需求程度会因为商品价格的增加而增加，而不是减少。这反映了人们挥霍性消费的心理愿望，即越贵的商品越受消费者青睐，他们反而更愿意购买。第二，凡勃伦批评了边际效用分析，认为这种分析把人都看作是追求快乐最大化的主动者。他指责克拉克的理论无法解释成长和变化及其累积作用的过程，同时认为马歇尔的分析只是自行平衡的结构主义，不适用于制度的累积扩展过程。总的来说，凡勃伦反对建立在自行均衡状态假定上的整个经济学体系，主张以“制度”或“广泛存在的社会习惯”等为更重要的研究对象。在《企业经营理论》中，凡勃伦将“机械过程”（制造财货）与“企业经营热情”（营利动机）区分开来，认为这是近代社会经济组织中无上的和特征性的制度。

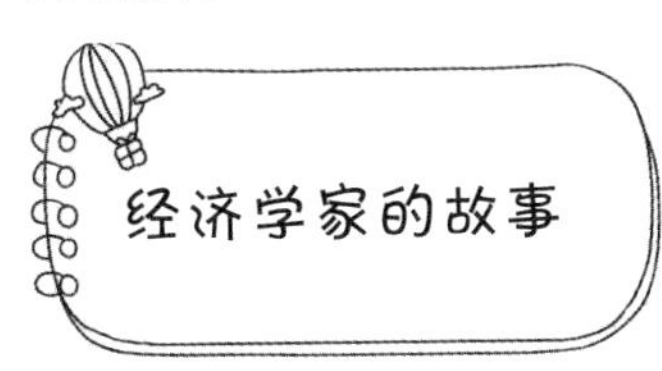

19 世纪下半叶是美国社会寻求变革的时期，整个社会充满了对新思想的包容和接纳。凡勃伦是挪威移民的后裔，他的父亲把他送到卡莱顿学院学习。在这里，凡勃伦展现出了非凡的才华，并对一切事物持审慎的批判态度。在学院期间，他受到了当时美国最杰出的新古典经济学家克拉克的影响。克拉克非常欣赏凡勃伦，并将他视为思维最敏捷的学生之一，但后来凡勃伦却成为克拉克边际效用学说的激烈反对者。

凡勃伦只用了一年的时间就完成了两年的课程并从卡莱顿学院毕业。不久之后，他前往约翰·霍普金斯大学学习哲学和政治经济学。霍普金斯大学是美国第一所按照早期欧洲模式设立研究生院的大学。在这里，凡勃伦的哲学老师是举世闻名的哲学家和实用主义的创始人皮尔斯和杜威，而经济学老师则是美国经济学会的创始人伊利。

然而，凡勃伦对霍普金斯大学感到失望，不到一年的时间他就转学至耶鲁大学，跟随社会达尔文主义者萨姆纳学习，并于 1884 年获得了哲学博士学位。尽管凡勃伦当时已经才华横溢，但由于当时学院的专职哲学教师通常是从神学学生中挑选的，因此，凡勃伦毕业后并未能获得学术职位，只得回到他父亲的农场。凡勃伦在农场一待就是 7 年。

然而，正是在这 7 年内，凡勃伦如饥似渴地阅读了大量社会科学文献，包括经济学在内，最终决定改行。1890 年，凡勃伦以研究生的身份进入康奈尔大学学习经济学，师从新古典经济学的代表人物劳洛林。一年后，劳洛林被任命为新建立的芝加哥大学的经济系主任，他提出的一个条件就是带上 35 岁的凡勃伦。

在芝加哥大学，凡勃伦对人类学产生了浓厚的兴趣，这最终导致了他对新古典经济学主要思想的不满和批判。在芝加哥执教的 14 年期间，他写了《有闲阶级论》等两部成功赢得赞誉的著作，发表了无数的文章，成为当时受到高度重视的社会和经济批判家，并成为享有盛名的《政治经济学杂志》的编辑。

启迪青少年

凡勃伦在他的学术生涯中经历了许多挑战，包括别人对他思想和观点的质疑，以及对他的学术成就的怀疑。然而，他从未放弃，而是坚定地追求自己的目标。他在不同的学府学习，向不同的导师学习，最终找到了自己的兴趣所在，并在芝加哥大学取得了巨大的成功。这个故事告诉我们，无论面对多大的困难，只要我们有足够的执行力和恒心，就能够克服挑战，取得成功。凡勃伦的经历也启示我们，要有勇气追求自己的兴趣和热情，即使在外界的质疑和挑战下也要坚持自己的信念。在生活中，我们也可以从凡勃伦的经历中汲取力量，坚定目标，努力追求梦想，锻炼自己的能力，最终取得成功。

磨练篇

在“磨练”这间房里，小明见到了张居正、色诺芬、加图、哈耶克、约翰·海萨尼和纳什这几位经济学家。他们的人生经历十分丰富，小明非常想知道这些磨练对于他们的意义。

为什么人要经历挫折和困难呢？我觉得这些只会让人感到沮丧。——小明

张居正——经历挫折和困难是成长和发展的重要部分。挫折和困难会让我们更加坚强，能适应未来的挑战。

我觉得有时候学习和成长很辛苦，为什么要一直坚持下去？——小明

色诺芬——虽然学习和成长可能会带来短期的困难，但长期来看，这些努力会为你带来更多的机会和成功。坚持下去才会在未来获得更多的回报。

我觉得很难面对挑战和压力，我应该怎么样才能更好地处理这些情况？——小明

加图——与他人交流和寻求帮助是很重要的。团队合作和资源共享是让我们更好地面对挑战、走向成功的砝码。

经历过挫折和失败，我该怎么样才能重新振作起来呢？——小明

哈耶克——可以尝试重新审视自己的目标和计划，并且保持自信和积极的心态。

我该怎么样才能保持自信和积极的心态呢？——小明

约翰·海萨尼——学会从积极的角度看待事物。遇到困难或挑战时，试着寻找解决问题的方法，而不是沉湎于困难本身。

您是怎么样战胜困难的？——小明

纳什——爱的力量。

经济学家们——不妨看看我们的人生经历和故事吧！加油！

张居正：成长不是一条坦途

张居正（1525—1582），字叔大，号太岳，又被称为张江陵，湖广江陵县人，祖籍直隶凤阳县。他是万历初年的政治家、改革家和权臣，在任期间担任过太师、吏部尚书兼中极殿大学士等职务，任内阁首辅长达十年，并掌握了最高权力。张居正知人善任，重用了名将李成梁、戚继光等人，安抚北部边防，为改革创造了稳定的外部环境。他还任命潘季驯治理黄河，取得了显著成效。在任期内，他推行了一条鞭法和考成法，改革了赋税和官吏考核制度，对社会产生了深远的影响。

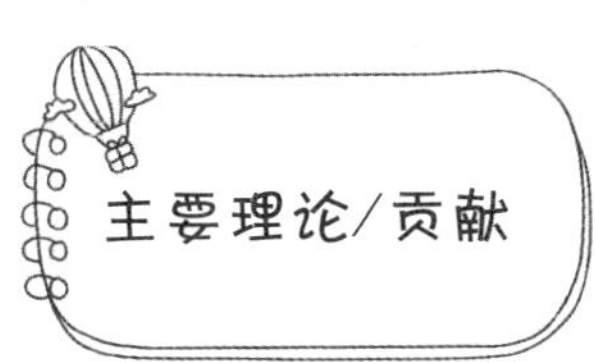

张居正在执政时，下令清查全国土地，改革赋役制

度，实行一条鞭法，大大简化了税制，有效地缓解了社会矛盾，改善了明王朝的财政状况，并在客观上促进了资本主义的萌芽。同时，他强调“固本安民”，反对聚敛财富。为了实现固本安民，张居正反对不公平的赋税负担，反对官员的贪污行为，以及豪强兼并和偷漏赋税等现象。张居正还主张农业和商业相互依存、相互促进，反对在财政困难时依靠加重商税来增加财政收入，认为只有减轻赋税才有利于农商发展。他认为治国者，应使商业畅通，农业力量充足。如果商业不能畅通，无法为农业提供利益，那么农业就会衰退；如果农业不能充分支持商业，那么商业也会受到影响。

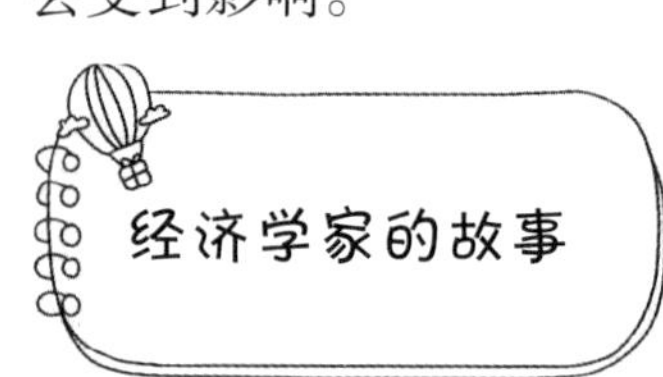

经济学家的故事

明嘉靖十六年（1537 年），湖广巡抚顾璘遇到了一个非常有才华的少年。这位少年名叫张居正，时年 13 岁，自小被誉为“神童”。当时，张居正的声名在湖广地区已经很大，由于张居正出生在江陵县，当地人也称他为“张江陵”。张居正 12 岁时通过童试考取了秀才，这次参加乡试志在必得。凭借他的才华，中举对他来说是轻而易举的事情。

顾璘见到了这位神童张居正，欣喜若狂。然而，他却做出了一个决定：不让张居正中举。正是由于顾璘的主张，张居正这次未能中举。

那么，顾璘为什么要这样做呢？《张居正大传》中提到了原委："顾璘认为一个只有13岁的孩子，一旦中举，可能会自满，失去上进的志向。从长远来看，这对张居正来说不利。因此，他主张给予张居正一些挫败，以激发他更加奋发向上的努力。他对监试的冯御史说："张居正是个人才，他的早期成就并无不可，但是最好还是让他等几年，等他的才智更加成熟，他未来的发展将无可限量。这是你的任务，我请你自行权衡。"在这次考试中，张居正的试卷深受湖广按察佥事陈束的赞赏。陈束极力主张录取张居正，但监试官员记起顾璘的嘱咐，坚决拒绝。结果，张居正竟然没有被录取。

这样一来，神童张居正的少年时期中举之路戛然而止。但张居正并没有因为这次失败而消沉下去，仍然刻苦努力学习，全面提高自己的各项才能。三年之后，他16岁时再次参加乡试，并成功中举。恰好此时，顾璘正在安陆督工，这时张居正前来拜访他。顾璘非常高兴，并且出人意料地做了一件事情，他脱下自己腰间的犀带，并将其赠送给了张居正。在古代中国，官员的服饰和腰带都有严格的规定，根据官阶的不同而有所区别。在明代，一品官员佩戴玉带，二品官员佩戴犀带。对于年仅16岁的张居正来说，这是一份珍贵的礼物。更为珍贵的是，顾璘附上了一段赠言：上次你本来就有可能中举，但因为我的原因，耽误了你三年。这是我的过错，但我希望你要有远大的抱负，要成为伊尹、颜渊那样的人物，不要只满足于年少时的成就。

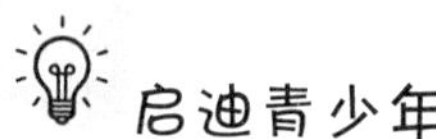

启迪青少年

顾璘并非一味追求眼前的成就，而是考虑了张居正的长远发展。他认识到，如果张居正通过考试中举了，可能会陷入自满的状态，失去上进的动力，反而对他不利。因此，他以激发张居正的潜力、磨砺他的心性为出发点，主张给予他一些挫败，促使他更加成熟。张居正遭受了年少成名之后的第一波打击，但他并没有停下前进的脚步，而是稳扎稳打，三年之后顺利中举。从张居正的一生来看，少年时期的经历是有益的。在他之后的从政生涯之中，哪怕遭受各种内部或者外部的挫折，他都能从容应对。在追求目标的道路上，恒心和毅力是至关重要的。我们不能只满足于眼前的成就，而应有远大的抱负和高远的目标。同时，这个故事也提醒我们，除了要能够看到他人的潜力，还要以正确的方式引导和帮助他们成长。

色诺芬：面临危机永不言弃

色诺芬（约前440—前355），古希腊历史学家、思想家。早年师从苏格拉底，是苏格拉底比较出色的学生之一。公元前401年，色诺芬参加希腊雇佣军，助小居鲁士争夺波斯王位，未遂，次年率军从巴比伦返回雅典。公元前396年投身斯巴达，被母邦判处终身放逐，终老于柯林斯。著有《拉西第梦的政制》《经济论 雅典的收入》以及《回忆苏格拉底》等著作。

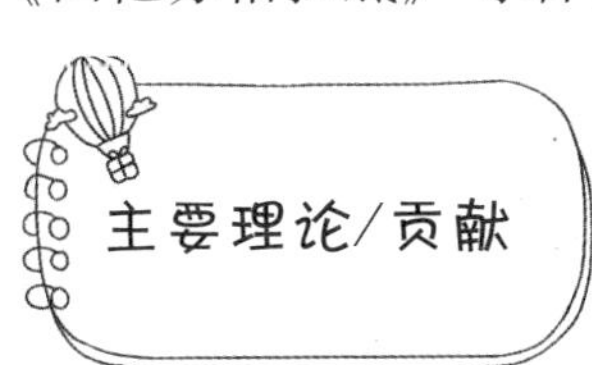

色诺芬认为财富是具有使用价值的物品，一个人的财产等于他拥有的一切东西。他认为奴隶主的经济任务是获取更多有用的物品，因为建立在奴隶制自然经济基础上的

产品生产主要是为了满足奴隶主和奴隶的生活需要。

他进一步解释财产是指“好东西”，而不是“坏东西”，即对所有者有利的东西而不是有害的东西。他强调农业是财富最重要的来源，但也认为开采白银、从事商贸活动、出租房屋、土地、船只和奴隶等也可以增加财富。他轻视手工业生产，认为希腊的自由民不应该从事手工业，而应该让外邦人或奴隶去做这些工作。他也提到了劳动分工问题，他认为在大城市中，一个人只要从事一种手工业，就可以维持生活了。

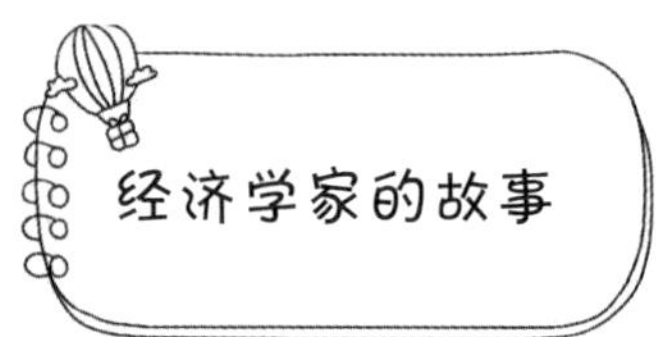

色诺芬的《远征》是一部关于生存和坚持的史诗般的故事，他以逼真的手法描述自己的亲身经历和感受。《远征》记录了小居鲁士远征和希腊雇佣兵回家之旅的悲惨经历。这部作品是色诺芬多年后对这段历史事件的回顾，他以深刻的洞察力和丰富的细节，描述了希腊人在旅途中所经历的艰辛和挑战。

小居鲁士雇佣了色诺芬和一群希腊雇佣兵，帮助他推翻他的兄弟波斯国王阿尔塔薛西斯二世。他们到达波斯并加入小居鲁士的军队，但在战斗中小居鲁士阵亡，希腊人被困在敌人的领土深处。在没有明确计划或领导的情况下，希腊人选出了包括色诺芬在内的新领导人，决定向北进军黑海，希望在那里找到返回希腊的路。

旅途充满险恶，希腊人一路上面临重重挑战。他们不断受到敌对部落的攻击，必须在困难的地形和恶劣的天气条件下前行。色诺芬和他的部下最初不得不对付一支追击他们的波斯骑兵。一天晚上，色诺芬偷偷组建了一支由弓箭手和轻骑兵组成的特殊队伍。当波斯骑兵在第二天到达并在距色诺芬一行人几十米处开火时，色诺芬突然释放了他的特殊队伍进行冲击和冲锋，撞向了目瞪口呆的敌人，杀死了许多敌人并击溃了其余的人。

敌人继续加大兵力追击色诺芬一行人，当色诺芬一行人到达宽阔而深邃的大扎布河时，他意识到他们即将被包围。然而，色诺芬很快想出了一个计划：宰杀所有的山羊、牛、绵羊和驴，把它们的尸体塞满干草，放在河对岸，缝合之后盖上泥土，以免滑倒，这样就创造了一座浮桥。色诺芬也成功地在波斯人到达之前，带领他的部下通过浮桥过了大扎布河。

色诺芬一行人还要与食物和水资源短缺做斗争，他们被迫诉诸劫掠以求生存。经过数月的艰苦旅行，色诺芬一行人终于到达了黑海。然而，他们发现大海被敌对部落控制，他们必须杀出一条血路才能到达安全的希腊领土。但是，色诺芬是一位技术娴熟的领导者，他利用他的战略思维和军事专长让希腊人团结一致并向前迈进。他也赢得了战友们的对他的忠诚和尊重。

尽管他们面临许多障碍，色诺芬一行人最终还是回到了希腊。色诺芬的撤退行为充满了大量的独创性的天才战术，被称为“亚历山大大帝之前最伟大的将军”。

启迪青少年

这个故事深刻地体现出执行力和恒心的重要性。在面对困难和挑战时，我们需要坚定不移地执行我们的计划。同时，我们也需要保持恒心，不轻易放弃，坚持不懈地追求我们的目标。像色诺芬一样，我们需要具备战略思维，以应对任何可能出现的情况。我们需要善于创新，寻找新的解决方案，以应对挑战和困难。我们还需要团结一致，与我们的战友们一起前进，相互支持和鼓励。最终，我们需要坚信自己的能力和实力，能够克服所有的障碍和困难，实现我们的目标。

加图：成功来自勇往直前

马尔库斯·波尔基乌斯·加图（前234—前149），为了与他的曾孙小加图区分开，通常被称为老加图或监察官加图，是罗马共和国时期的政治家、国务活动家和演说家，曾在公元前195年担任执政官。他也是罗马历史上第一位重要的拉丁语散文作家。老加图通常被认为是罗马共和国时期典型的保守派人物。他通过追随保守派而获得了政治地位，并坚决捍卫罗马的传统原则，对以大西庇阿为代表的另一派喜欢希腊文化和东方文化（是以欧洲为中心来看，如西亚波斯文化、北非叙利亚文化）的人表现出明显的憎恶。在加图看来，罗马社会风气的恶化几乎完全是受希腊不良风气影响的结果。

加图生活在罗马共和国时期，他对社会上各行各业的看法总体来说符合古代传统的经济思想。他认为农业第一，商业第二，高利贷业最低等。加图极力推崇农业，认为农业是一个国家最重要的产业，农场主应该精心经营农庄以增加财富。他所著的《农业志》是罗马历史上第一部农书，也是幸存于世的加图著作中最完整的一部。书中不仅包含了他对农业知识的系统论述，还汇集了农业经营方面的规划和意见。

加图主张农庄应该实现自给自足，只购买自己无法生产和过剩的产品进行交易。同时，面对罗马商品经济的发展现实，他认为农庄应该建在交通便利的地方，以便产品能够顺利销售，农场主在商品交换中应少买多卖。

在经营方面，加图强调农庄管理的重要性，认为农场主要亲自参与管理和巡视，并专门设置专门的管理人员，按照地产规模大小确定各类人员数量及生产资料分配额度，等等。囿于时代局限，他还强调要加强对奴隶的管理，体现出奴隶制经济的弊端。

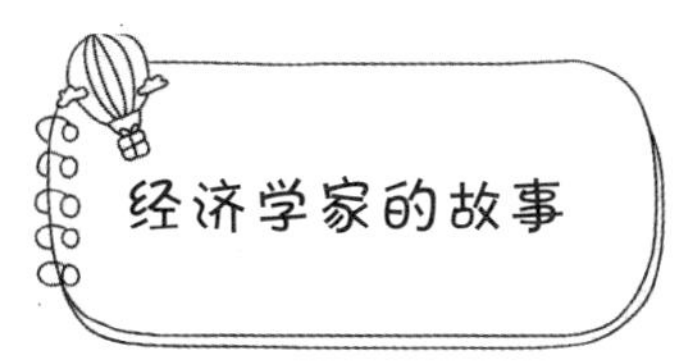

经济学家的故事

加图出生在一个农民家庭，但从小到大都展现出非凡的才华。他的才华引起了当时的政治家弗拉库斯的注意，于是他来到了罗马。起初，他只是从事护卫军的工作，但他不断努力，逐渐晋升为财政官、执政官。

在卸任执政官之后的十年里，加图渴望成为监察官。这是罗马人能够获得的最高荣誉，也是一个人政治生涯的巅峰。作为监察官，除了其他权力外，他还有权力调查每个人的私生活。罗马人认为没有人可以不受监督，无论是结婚生子还是饮酒作乐，都需要受到监察。他们认为人的真实性格更容易从私生活中看出来，而不是公开场合的表现。因此，他们选出两个人，一个来自贵族，一个来自平民，负责观察和纠正人们的行为举止，惩罚那些生活过于放汤或逾越国家法律以及社会正常行为准则的人。这些人就被称为监察官。

所以加图的提名遭到了元老院几乎所有显贵们的反对。贵族们受嫉妒的驱使，认为如果让一个社会地位平平的人升入最高等级，获得最高权力，将会玷污他们的高贵地位。其他人则非常清楚他们自己所做的坏事，以及种种违反法律和公序良俗的行为，惧怕加图的威严，认为一旦

此人获得如此巨大的权力，一定会铁面无私，不留情面。因此他们互相协商，推选出七名候选人与他竞争。这些人对民众百般讨好许诺，仿佛他们想要的是一个放任自流的监察官。加图则反其道而行之，不说软话，在竞选中公开声称将惩罚那些干坏事的人。他说罗马需要一次彻底的净化，他向民众发出呼吁，如果他们明智的话，就不要选举那些只会隔靴搔痒的庸医，而应选择那些最生猛的医生来为社会治病。他说他算一个，瓦勒里·弗拉库斯来自贵族，算是另一个。他们一起，一定能够革除旧弊，把骄奢淫逸之风斩草除根。他还说，其他竞争者动机不纯，因为他们害怕那些会公正行使职权的人。

最终，加图成功当选，并践行了自己的选举承诺。民众为他在健康女神庙里立了一座雕像。这座雕像上刻着这样的铭文："献给加图监察官，当罗马共和国腐化堕落之际，他申明纪律，严肃法令，挽救了国家。"

启迪青少年

加图的成功体现了执行力和恒心的重要性。首先，加图展现了出色的执行力。他从一个普通的护卫军逐渐晋升为监察官，并非偶然。他通过不断努力和奋斗，一步步实现了自己的目标。其次，加图展现了坚持不懈的恒心。加图通过申明自己的信念最终赢得了民众的认可，成为监察官。加图之后也勇敢面对阻力严明了国家秩序，赢得了民众的认可。加图的成功体现了执行力和恒心在个人成就和事业发展中的重要性。无论是在政治领域还是其他领域，只有具备坚定的决心，并不懈地努力，才能克服困难，实现自己的目标。加图的故事告诉我们，只有通过持之以恒的努力，坚定地执行，才能在人生道路上取得真正的成功。

哈耶克：坚定而孤独的经济学大师

弗里德里希·奥古斯特·冯·哈耶克（1899—1992），在奥地利出生，是一位知名经济学家、政治哲学家，被誉为二十世纪最具影响力的经济学家及社会思想家之一。哈耶克曾任教于英国伦敦政治经济学院、美国芝加哥大学以及德国弗赖堡大学，他被视为奥地利经济学派最重要的成员之一。1947 年，哈耶克主持创办了朝圣山学社。1974 年哈耶克和贡纳尔·默达尔一同获得了诺贝尔经济学奖。1984 年，哈耶克获颁英国的荣誉勋爵，以表彰其对经济学研究所做出的贡献。1991 年，他获颁美国的总统自由勋章，以表彰他高瞻远瞩。1992 年 3 月 23 日，哈耶克于德国弗赖堡逝世，享年 92 岁。

哈耶克的著作内容相当广泛，包含了经济学、政治学、哲学、社会学、心理学和人类学。哈耶克之于我们的贡献可以概括为三点：一是对现代社会的市场经济运行的基本原理的探索；二是对自由、法治、宪治、民主、权利以及现代良序社会运行的基本法则的论述；三是对人类社会的基本价值和道德基础的阐释与捍卫。这三大贡献正是哈耶克在今天最重要的三重身份，他既是一个捍卫自由市场的孤独的斗士，也是乌托邦最坚定的反对派，更是一个为捍卫人类社会基本价值而倍感孤独的先知。

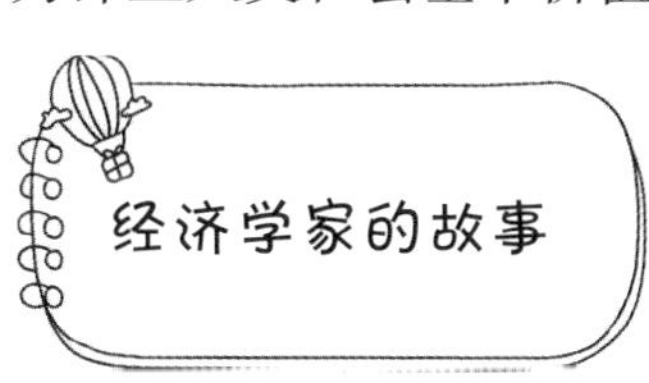

哈耶克的青年时期恰逢第一次世界大战爆发，世界发生了剧烈变化。1917 年快 18 岁的哈耶克选择了参军，并且在经历了 7 个月的训练后成为一名军官，被派往意大利前线。正是在意大利打仗期间，他平生第一次系统阅读了一位战友送给他的经济学书籍。这些书将他领进了这一学科的大门。后来，他又仔细地阅读了当时的社会主义者写的小册子，从这些作品中，他开始思考这个世界的未来，形成了自己最早的经济学思想，从而确定了研究经济学的方向。此后哈耶克在研究经济学的学术生涯中一路与大师为伴，从未停歇。

1931 年，哈耶克来到英国的伦敦经济学院，在这里，他与另一位著名经济学家凯恩斯产生了许多激烈的交锋。当时世界正经历前所未有的经济危机，到底该如何应对经济危机、走出经济危机，凯恩斯和哈耶克给出了完全不同的解决方案，为此他们进行了非常激烈的讨论。其争论的核心简单来说就是在经济发展过程中，到底政府重要还是市场重要，实质就是政府与市场关系之争：哈耶克认为市场经济可以根据需要自动地进行调节，政府的干预会阻碍经济的发展；凯恩斯则认为政府的干预能够减少市场经济的不稳定性，主张政府采取政策来影响市场经济过程。两人都觉得对方错得一塌糊涂。

这场争论在当时以哈耶克的惨败告终，到 20 世纪 30 年代末，曾经支持他的人纷纷投奔凯恩斯门下，甚至学校的学生们也都讨厌他的观点，在他的讨论课上，经常是大家一起批评他，他就耐心地一言不发地听着。据一位学生回忆说，有一阵整个伦敦经济学院，支持哈耶克的仅仅剩下一人。

可以说这是哈耶克人生中的至暗时刻。这期间他一度对经济学心灰意冷，但是他并没有放弃，也没有因此消沉，他始终相信自己是正确的，尽管他孤独地站在大众的对立面。在这段遭受冷遇的时间里，哈耶克闷头转向了政治哲学的研究，并取得了许多重大的发现。

随着时间的推移，世界再次发生了剧变。20 世纪 40 年代，凯恩斯主导的政府干预经济政策并没有取得预期的效果，经济危机持续加剧。人们开始重新审视哈耶克的观点，开始意识到市场经济的自我调节能力。哈耶克的名声逐渐恢复，他的思想重新受到重视。他的学说成为一种新的经济学派——新古典自由主义的代表，他的著作也成了经济学领域的经典之作。

启迪青少年

哈耶克的一生跌宕而幸运，他信仰坚决、无比真诚，永远在思考、在探索，即使长期被排挤、被针对，也依然坚定地坚持自己的立场，用自身强大的精神力量支撑自己度过一个又一个孤独的时刻，创作出一部又一部伟大的作品。他的故事告诉我们，坚守自己的信念并不容易，但只有坚守才能取得真正的成就。他的智慧和勇气将永远激励我们在复杂的世界中寻找真理和智慧。

约翰·海萨尼：从哲学到经济学

约翰·海萨尼（1920—2000），出生于匈牙利布达佩斯，是经济学天才、理性预期学派的重量级代表，也是把博弈论发展成为经济分析工具的先驱之一。他曾是美国国家科学院院士、美国艺术与科学研究院院士、美国经济学会荣誉会员、美国西北大学名誉博士。1994 年因对博弈论的研究及博弈论应用于经济学的贡献，和约翰·纳什及莱因哈德·泽尔腾一起，共同获得诺贝尔经济学奖。

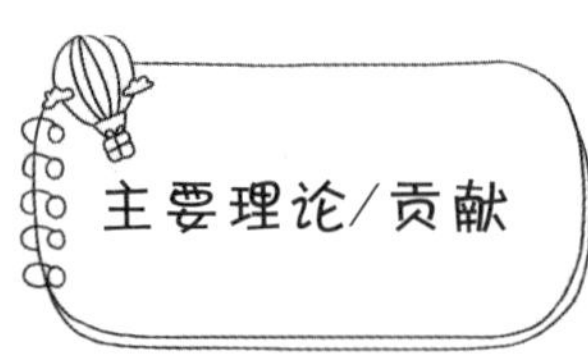

海萨尼一生的经济学理论研究成果主要分为不完全信息理论、混合策略、合作与非合作博弈等几个方面。其中，他对博弈论最大的贡献在于不完全信息问题上的突

破。他将千变万化的不完全信息都归结为局中人对他人的主观判断，将不易建模的不完全信息转化为数学上可处理的不完美信息，用这种方法来克服将局中人的信息与偏好，以及对其他局中人信息与偏好的了解进行建模时所遇到的复杂性。这一思路极富创造性，使不完全信息博弈成为解决经济问题的一个有力工具。除此之外，海萨尼在他所面临的博弈论几个前沿热点上均取得了突出成就。他的某些思想已成为博弈论的基石，有些思想现在仍然有人研究。他的工作不仅极大地促进了博弈论的发展，而且因其新颖性与创造性激发了后人的进一步开拓。

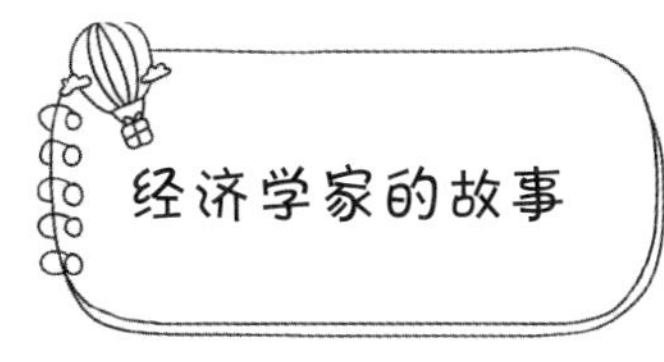

海萨尼出生于匈牙利的布达佩斯。他是家里唯一的孩子，从小就备受宠爱。他的父母一直希望他将来成为一名药商，为此他们省吃俭用，尽力给他提供了最好的教育。不过，海萨尼自小就对哲学和数学拥有浓厚的兴趣，他喜欢思考生活的意义，热衷于享受数学的逻辑推理。尽管如此，在他中学毕业时，他还是选择尊重父母的意愿，进入了布达佩斯大学的药学专业，在大学里他努力学习药学知识，但内心始终还是对哲学和数学抱有浓厚的热忱。

1944 年的春天，海萨尼的生活发生了翻天覆地的变

化。那时德国军队占领了匈牙利，从 5 月到 11 月，他和同学们被迫在一个苦力营中进行艰苦的劳动。1944 年 11 月，纳粹当局决定将海萨尼所在的苦力营转移到奥地利的一个集中营。就在列车即将开往奥地利之前，海萨尼侥幸从布达佩斯火车站逃了出来，并且在一位熟识的神父的帮助下躲过了德国军的搜捕，而他那些苦力营的同伴后来绝大多数都死在了集中营里。

经历了这次死里逃生，海萨尼深深感激这份幸运，他的思想也因此转变了。战争结束后，1946 年，海萨尼决定回到布达佩斯大学继续学业。这一次，他毅然选择了他灵魂真正所向往的领域——哲学，他同样兼修了社会学和心理学。并且更重要的是，在这里他结识了他一生的挚爱——安妮 · 克劳伯，他们两人迅速地相知相爱。

然而好景不长，1948 年 6 月，海萨尼的生活又发生了变化。由于他与当局意见不合，他被迫辞去了助教职务，决定和妻子离开匈牙利。于是他们非法从一片边防警卫较薄弱的沼泽地带越过匈牙利国境线，最终幸运地到达澳大利亚，开始了新的生活。在澳大利亚，海萨尼白天到工厂做工以养家度日；晚上就到悉尼大学学习经济学课程。慢慢地，他发现经济学理论的概念和数学方法对他很有吸引力，因此他决定从社会学转学经济学。此后在这个领域里，海萨尼展现出了惊人的才能和天赋，取得了卓越的成就。

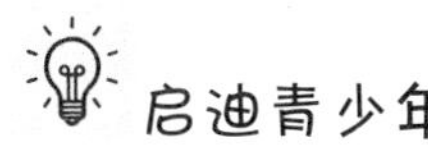

启迪青少年

尽管海萨尼经历了战争的苦难和逃亡的艰辛，但他依然保持着对知识的渴求和热爱，不断学习和进步。他的故事启示我们，应该坚守自己的理想和热情，不断追求我们内心真正渴望的事业。无论外界的压力和期望如何，我们应该相信自己的直觉和内心的声音，将在逆境中获取的经验和智慧化为我们前进的动力和指引，始终努力奋斗。

约翰·纳什：从孤独到荣耀

约翰·纳什（1928—2015），出生于美国西维吉尼亚州，他提出纳什均衡的概念和均衡存在定理，是美国著名数学家、经济学家、博弈论奠基者。1950 年，纳什获美国普林斯顿高等研究院博士学位。1952 年，任教于麻省理工学院，后任普林斯顿大学数学系教授，他主要研究博弈论、微分几何学和偏微分方程。在研究过程中，纳什与另外两位数学家在非合作博弈的均衡分析理论方面做出了开创性的贡献，揭示了博弈均衡与经济均衡的内在联系，对博弈论和经济学产生了重大影响，并因此于 1994 年获得诺贝尔经济学奖。

纳什的学术贡献主要体现在他分别于 1950 年和 1951 年发表的两篇关于非合作博弈的论文中。在这两篇论文中，纳什证明了非合作博弈及其均衡解，并证明了均衡解的存在性，即著名的纳什均衡。纳什的这一贡献彻底改变了人们对竞争和市场的看法。他的研究奠定了现代非合作博弈论的基石，后来的博弈论研究基本上都是沿着这条主线展开的。

纳什生来就显得与众不同，小时候他虽没有表现出神童的特质，但却是一个聪明、好奇的孩子，他非常热爱读书和学习。当同龄的孩子们都还喜欢一起结伴玩耍的时候，纳什就偏爱一个人埋头看书或躲在一边玩自己的玩具，对他来说，最好的、最温暖的朋友就是书本，他总能从阅读中发现很多乐趣。

这也导致纳什显得内向而孤僻，尤其是上学之后。在学校里纳什总是独来独往，不爱与人交流，这让纳什的父母十分忧虑，他们还想了很多方法试图改善他的社交能力，但都收效甚微。而且纳什还总是特立独行，比如在数学上他经常使用一些书中学来的非常规的方法解题，这一点使他受到了老师的很多批评，不过纳什的母亲始终对纳什充满信心，后来的事实也证明这种另辟蹊径恰恰是纳什数学才华的体现。

上了大学，纳什对数学的兴趣更为浓厚，他的数学天赋开始逐渐展现。并且纳什孤僻的性格和天才的自傲让他不屑于做普普通通的研究工作，他誓要对经济学做出原创性的贡献。最终在 1950 年，22 岁的纳什写出了一篇以非合作博弈为题的 27 页博士论文。他在那篇仅仅 27 页的博士论文中提出了一个重要概念，也就是后来被称为“纳什均衡”的博弈理论。

博士毕业后的纳什如鱼得水，不到 30 岁已经闻名遐迩。他的才华和个人魅力吸引了一个漂亮的女生——艾里西亚。她漂亮，聪明伶俐，是当时麻省理工学院物理系仅有的两名女生之一。1957 年，他们结婚了。之后漫长的岁月证明，这也许正是纳什一生中比获得诺贝尔奖更重要的事。

就在爱情事业双丰收的时候，纳什突然变了，精神失常的症状显露出来了。在他与艾里西亚的第一个孩子出生以前，纳什被送进了精神病医院。他因为幻听幻觉被确诊为严重的精神分裂症，然后是接二连三的诊治，短暂的恢复，和新的复发。

1960年夏天，他目光呆滞，蓬头垢面，长发披肩，胡子犹如丛生的杂草，在街头光着脚丫子晃晃悠悠，人们见了他都尽量躲着他。因为他的精神状况，他几乎被学术界遗忘了。有好多荣誉奖项几乎都要授予他，最终都因为他的病状而与他失之交臂。

有人说，纳什发疯是因为他太孤独了。但是，纳什在发疯之后却并不孤独，他的妻子、朋友和同事们没有抛弃他，而是不遗余力地帮助他，挽救他，试图把他拉出疾病的深渊。

他的妻子依靠自己作为电脑程序员的微薄收入和亲友的接济，在他生病期间精心照料他，一照顾就是30多年。他的同事和上司找到了美国最好的精神科医生为他治疗，还设立了一个资助纳什治疗的基金，并在美国数学会发起了募捐活动。纳什清醒后也说道，在普林斯顿大学里，他从未被抛弃过。

守得云开见月明，在绝境中守望了30多年的妻子和朋友的付出最终得到了回报。20世纪80年代末期，纳什战胜心魔，渐渐康复，从疯癫中苏醒。这是一个伟大的奇迹，在这之前，还没有任何人像他这样清醒过来。在他的苏醒后不久，他很快就迎来了他生命中的一件大事：荣获诺贝尔经济学奖。

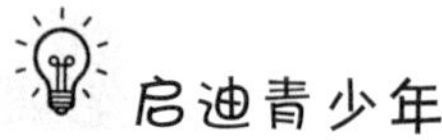

启迪青少年

在纳什陷入精神疾病的深渊时，他的妻子和同事们没有放弃他，他们的支持和照顾使得纳什最终康复，纳什自己也顽强与心魔做斗争，从未放弃。最终，纳什带着妻子的爱上演了奇迹，重返学术舞台，并荣获诺贝尔经济学奖。纳什的故事向我们展示了爱的力量。爱可以消除孤独感，可以为我们提供安慰和支持，可以给予人坚持下去的无穷力量。使得我们走出困境，继续前行，做回自己。纳什的故事还告诉我们，我们可以是那个给予爱与支持的人，我们每个人都可以成为别人生活中的艾里西亚。不论是家人、朋友、同事或陌生人，我们都有机会使用我们的爱心和关怀来影响他人的生活，为他们带去希望与力量。我们也可以是纳什，勇敢地面对困难，从爱中汲取能量，坚持不懈，直到获得属于自己的那份荣耀。

责任篇

打开"责任"这间房，小明见到了管仲、王夫之、唐甄、洪亮吉、何炼成、柯尔贝尔几位经济学家。人的一生难免肩负起各种责任。责任到底是什么？小明仍有很多疑惑。

您觉得提出明智的建议是您的责任吗？——小明

管仲——我身为齐国宰相，当国君需要我提出建议时，我认为这就是我的责任。并且，以国家利益为先，并不畏权势，这是我身居其位应该遵循的准则。

为什么大家都说要对自己的行为负责任呢？——小明

王夫之——负责任的行为可以带来积极的结果。比如更好的信誉、更多的机会和更高的回报。

责任对您来说意味着什么呢？——小明

唐甄——我觉得，责任就是对自己的行为和决定有承担后果的意识和义务。

为什么要对社会负责任呢？ **小明**

洪亮吉 承担社会责任可以带来个人成长和满足感，增强个人的社会责任感和使命感，同时也会带来对他人帮助的满足感。

人要承担哪些责任呢？ **小明**

何炼成 人需要承担个人、家庭、社会、工作和未来等多个方面的责任。

怎么样才算对自己负责？ **小明**

柯尔贝尔 真正对自己负责的事，是应该认识到自己的价值。

经济学家们 不妨看看我们的人生经历和故事吧！加油！

管仲：鞠躬尽瘁，死而后已

生平简介

管仲（？—前645），姬姓，管氏，名夷吾，字仲，颍上（今安徽省颍上县）人。管仲是春秋时期齐国的名臣，他虽然出生在一个贫寒的家庭，但是他勤奋好学，最终学有所成。在得到朋友鲍叔牙的举荐后，担任齐国宰相，辅佐齐桓公成为春秋五霸之首。对内大兴改革、富国强兵；对外尊王攘夷，九合诸侯，一匡天下，被尊称为“仲父”。管仲治理齐国十分出色，一直为齐国和百姓做出贡献，成为古代中国历史上的杰出人物，后人尊称为“管子”，誉为“华夏第一相”。

主要理论/贡献

管仲的主要经济理论是“富国强兵”，他认为一个国家的经济繁荣和军事力量是密不可分的。他提出了一系列措施来促进经济发展，如均田制，减轻了农民负担，促进了农业生产。他鼓励大家多多消费来发展经济。他鼓励商业发展，提高了国家的收入。他改革了税收制度，引入了新的法律，并建立了一个奖励和惩罚制度，以鼓励善治。管仲的理论和贡献对当时的中国产生了重要的影响，被后人广泛传颂。

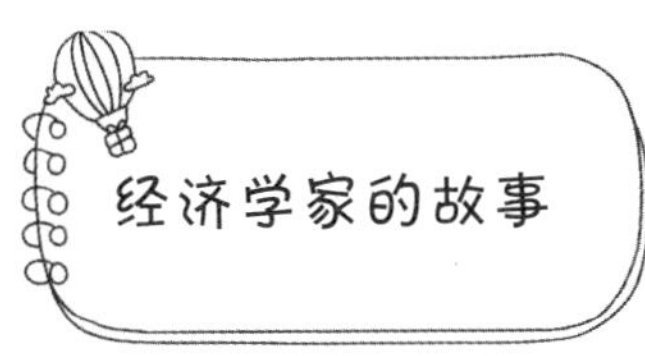

公元前645年，管仲因为齐国霸业耗尽心力而患重病，生命垂危。齐桓公亲自前来探望。他握着管仲的手说："仲父之后，谁可以为相？"管仲回答道："国君应该最了解臣下。"齐桓公欲任鲍叔牙，但管仲诚恳地表示："鲍叔牙是君子，然而他善恶过于分明，一旦对人产生恶感，便终身难忘。这种性情不适合担任相国之职。"齐桓公询问："易牙呢？"管仲答道："易牙为了取悦国君，竟然不惜烹杀自己的儿子，这种行为缺乏人性，不宜担任相国。"齐桓公又问："开方呢？"管仲回答："卫公子开方舍弃了成为千乘之国太子的机会，屈身侍奉于您，甚至在父亲丧事上不归家奔丧。这种无情无义之人，如何能真心忠于国君？您应该疏远这样的人，更不宜任命他为相国。"齐桓

公又问："竖刁宁愿自残身体来侍奉我，这样的人总该信得过了吧。"管仲说："不爱惜自己的身体，是违反常情的。这样的人又怎会忠心于您？请君王务必疏远这三个人。如若宠信他们，国家必乱。"最后，管仲向齐桓公推荐了为人忠厚、不耻下问、居家不忘公事的隰朋，说他可以帮助齐桓公管理国政。遗憾的是，齐桓公没有接受管仲的意见。

易牙得知此事后，去挑拨鲍叔牙，说管仲阻止齐桓公任他为相。鲍叔牙回答道："管仲举荐隰朋，说明他一心为国家考虑，不存私心偏爱友人。我做司寇，驱逐佞臣，正合我意。如果我做国相，哪里还会有你们的容身之处？"易牙感到失望，深觉管仲交友之深，只好灰溜溜地离开了。之后，齐桓公不听管仲临终忠告，一意孤行，重用易牙等三人，最终付出了惨痛的代价。两年后，齐桓公病重。易牙、竖刁阴谋篡国。他们堵塞宫门，假传君命，不让任何人接近齐桓公。齐桓公饥饿交加，日渐不治。他仰天长叹："如果死后有知，我有何面目再见仲父？"以袖掩面，最终就这样被活活饿死了。桓公死后，宫中大乱，齐桓公的几个儿子为争夺王位互相残杀。经过这场内乱，齐国的国力开始衰落。中原霸主地位逐渐转移到后起之秀的晋国。

启迪青少年

这个故事深刻地展现了管仲的可贵之处。管仲在临终前，尽心尽力地为齐国霸业考虑，提出了明智的建议。他坚持推荐隰朋，这展现了他对国家利益的忠诚和不畏权势的态度。但是，齐桓公并没有像争霸时期那样贯彻管仲的意见，而是选择了易牙等人，这最终导致了国家的内乱和衰落。

在现实生活中，我们也可以从这个故事中汲取教训。在工作和生活中，我们需要有坚定的执行力和恒心，同时也要学会倾听他人的意见，尤其是那些对我们有忠告和建议的人。只有这样，我们才能避免犯下类似的错误，坚持做正确的事，实现更好的结果。

王夫之：矢志不渝，尽忠报国

王夫之（1619—1692），出生于明末，字而农，号姜斋、夕堂，又被称为一瓢道人、双髻外史，自称船山病叟、南岳遗民。他出生在湖广衡阳县，是明末清初的一位杰出的思想家、哲学家和大儒。晚年他隐居在石船山麓，因此被世人尊称为船山先生。他的主要著作包括《周易外传》《读通鉴论》等，这些著作后来被编纂成《船山遗书》。他与顾炎武、黄宗羲被誉为明末三大思想家。

王夫之大力倡导“留心经济之学”，在经济思想上颇有建树，成为我国较早论述商品流通作用和市场调节理论的学者。他认为只有商品流通才能“生人之用全，立国之

备裕”，从而把过去的“以其所有，易其所无”的简单论证推进了一大步。在反对封建官僚地主集团的斗争中他站在新兴商人一边，指出“惩墨吏，纾富民，而后国可得而息也”。

他充分认识到价格对市场供求的调节作用，主张让市场价格自由涨落，“乃当其贵，不能使贱，上禁之弗贵，而积粟者闭粜，则愈腾其贵，而怀金者不售，则愈益其贱”。他在《黄书》中论述了商业促进“极其瘦薄”的乡镇经济发展，为农民提供生活资料的社会功能，赞扬了商品流通对社会经济的重要影响。

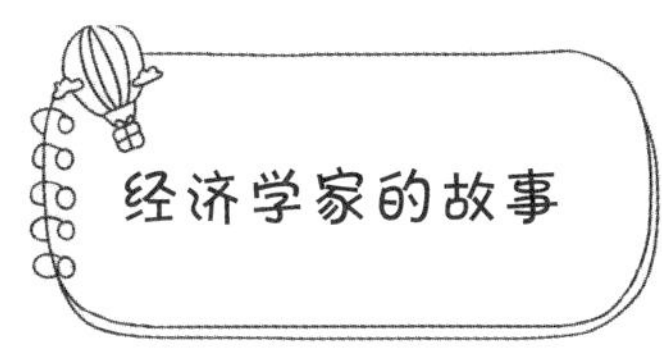

王夫之生于明神宗万历年间（1619 年），4 岁就与二哥一起进入私塾学习，7 岁就读完了《十三经》，8 岁便结束了私塾的学业。10 岁时，他广泛阅读了古代的经史子集著作。14 岁进入县学，名声渐起，赢得了乡里父老的赞誉。15 岁参加了武昌的乡试，可惜没有中选，于是他回到县城继续学习。18 岁再次参加武昌的应试，但依旧没有中选。

考试落榜对他来说是一次精神上的打击，但更让他忧虑的是国家的命运。崇祯十一年（1638 年），清朝趁机入侵，大举进攻山东、河北，明王朝陷入内外交困之中。年轻气盛的王夫之为国家的境况担忧，他与一些志同道合的年轻人组织了“匡社”。他们希望通过科举考试进入国家政权机关，为国家做出贡献。终于，在24岁时，王夫之中了举人。然而，此时的明王朝已经病入膏肓，会试无法举行，王夫之只好中途返回老家。不久之后，李自成攻入北京，随后北京又被清军占领。王夫之得知消息后，悲愤欲绝，绝食数日。之后他的家人相继在战乱中离世。在明朝遗臣的带领下，永历政权被迁至肇庆，掀起了一股抗清的浪潮。在这种有利的形势下，王夫之与他的好友管嗣裘一起，在衡阳举起了反清的旗帜。然而，由于力量薄弱且缺乏必要的支援，他们最终战败溃逃。从那时起，王夫之隐姓埋名，流离失所在零陵和常宁的荒山野岭中，过着艰难困苦的隐居生活。

三年后，他目睹了南明永历朝廷的彻底覆灭，深感国家覆亡和家庭破碎的痛苦。然而，他却无力改变现状，只能选择隐居等待时机。他决心以文字作为武器，总结明朝灭亡和抗清失败的根本原因。顺治七年，王夫之开始授徒讲课，他把自己的研究成果作为教学的重要内容，有的也先口授，然后再整理成书。对待传统的教学资料，王夫之总是以审慎的批判精神，自己理解后再教给学生。

王夫之晚年身染重病，不能为弟子口授讲说，于是他在病床上操觚作注，提要钩玄，焚膏继晷，手不停批百家之编，希望有生之年能将自己的知识学问传授给门生。由于他晚年移居在石船山下，所以他自称“船山病叟”。康熙三十一年（1692 年），74 岁的王夫之贫病交加，带着一腔遗憾和民族仇恨，在荒凉的石船山脚下告别了人间。

启迪青少年

王夫之的一生充满了挫折和磨难，但他从未放弃自己的理想和信念。参加科举考试的过程中，即便落榜多次，他也没有气馁退缩，反而更加努力地学习和思考。当国家面临内外交困的局面时，王夫之没有选择逃避，而是希望通过科举考试进入国家政权，为国家做出贡献。即使在流离失所、家破人亡的境地中，王夫之仍然没有丧失对国家的信仰和热爱。他选择了隐居等待时机，并以文字作为武器，总结明朝灭亡和抗清失败的根本原因。他的研究成果被用来教育学生，传承了他的思想和智慧。王夫之的一生告诉我们，只有具备执行力和恒心，才能在人生的道路上取得真正的成功。同时，他的报国之心也提醒我们，每个人都应该有一颗爱国之心，为国家的未来而努力奋斗。

唐甄：为苍生坚守一生

唐甄（1630—1704），是清朝初期的思想家，出生在四川达州，原名大陶，字铸万。他小时候跟随父亲游历于吴江、燕京、金陵等地。当清兵入侵中原，江南陷落时，父子逃亡到浙江绍兴。1657 年他中举成为举人，后来任山西长子县县令，但不久就辞去了官职，开始在大江南北游历。唐甄后半生几乎一直生活在吴地，生活极为贫困。唐甄著有《衡书》九十七篇，意思是权衡天下。后来改名为《潜书》。他的学问接近于陆王一派，对时政、民生、实务等进行了多方面的论述。

唐甄非常重视理财，他的基本经济观点是以富民为

重。在唐甄看来，财富必须存于民间，国家的富裕必须先从民众的富裕开始。只有这样，国民经济才能变得富裕。他坚决反对统治阶级和富豪对民间财富的剥夺。唐甄所说的富，强调的是民众的富裕。他认为一个国家不可能国家富裕而民众贫困。

唐甄非常重视农业生产和物质经济生活，除了粮食生产外，他特别看重养蚕业在农业、林业、牧业、副业和渔业中的地位。与清代其他人相比，唐甄的重农思想相对较为开放。他强调经济发展应注重生产，以棉花、桑树和牧业来富民，倡导朴实节俭的生活方式，这对国家的经济和社会发展都是有益的。此外，唐甄也非常重视商业，他反对过去传统的抑制商业的政策。

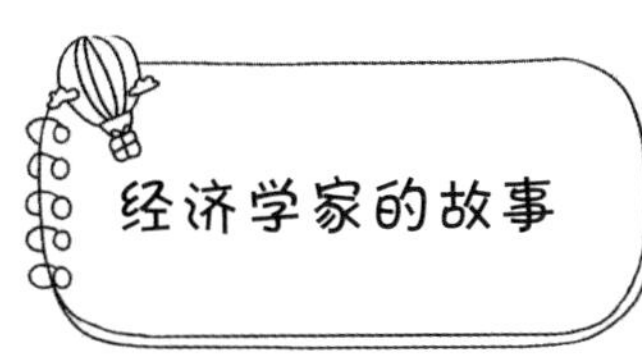

清康熙十年（1671 年），唐甄被任命为山西长子县知县。这个县的土地贫瘠，人民贫困，赋税大多逾期无法收回。然而，有一个乡每年五月都能交清全部税款，唐甄调查后发现，这是因为他们种桑养蚕致富。于是，他派这个乡的人到全县各地指导百姓种桑养蚕。

唐甄自己也亲自到村野间察看百姓劳作的情况，奖励和督促他们，并在短短三个月内种下了 80 多万株桑树。随后，百姓的收入大幅增加，按时缴纳赋税，人们都称赞他。然而，尽管他如此为民办事，却因与上司意见不合，经常受到打击。仅十个月，他就因为被诬告而被罢官。之后，他在山西、河北、河南、安徽等地流浪，过着贫苦的生活。随着政治上的挫折，唐甄的经济状况也日益恶化。他不得不变卖仅有的微薄田地去经商，尽管他苦心经营，但仍然一无所有。为了维持生计，他只好开设学馆教授学生和依附官府从事抄写工作。

尽管唐甄生活贫困潦倒，但他依然没放弃阅读和思考，每天早早起床，深夜才休息，专注地写作。有一次，他的老朋友路过他的家，看到这个情景，不禁感到悲伤流泪。然而，唐甄却笑容满面，没有流露出任何苦涩的表情。那年夏天，唐甄带着自己写的《衡书》去拜访文学名士魏禧。门人看到唐甄衣衫褴褛，拿着书，拒绝了他的进门请求。魏禧看到书上的内容，读到《五行》这篇文章时，惊讶地站了起来，大声说："现在竟然还有能够写出这么好文章的人吗！"他急忙让门人追回唐甄。唐甄进来后，魏禧穿着正式的衣服迎接他，亲自扶他坐在堂上，自己则拜在堂下说："五百年没有这样的文章了！"魏禧不久后从《衡书》中选取了十三篇文章进行刻印。书一出版，各地争相购买。

后来，唐甄将《衡书》改名为《潜书》。为了写好

《潜书》，唐甄花了整整三十年的时间。《潜书》全面地概括了唐甄的政治思想，尤其突出和激进地反对封建君主专制统治，对当时的思想界产生了巨大的影响。比如，他抨击专制制度："自秦以来，凡为帝王者皆贼也。"君主与天下人生来就是平等的，没有任何差别。

启迪青少年

唐甄勇于改革和为民办事的精神令人钦佩。他不满足于现状，勇于挑战旧有的制度，为改善人民的生活而努力。他用行动表明，一个人的决心和努力可以改变社会的现状。尽管唐甄经历了种种挫折和困境，但他依然保持着对知识的渴望和对写作的热爱。他花了整整三十年的时间写作《潜书》，这种坚持和毅力令人钦佩。他的故事告诉我们，无论面对什么样的困难和挫折，只要我们保持执行力和恒心，坚持追求自己的目标，就能够取得成功。同时，唐甄的故事也提醒我们要不断思考，关注社会的不公和不平等，为实现平等和公正而努力。

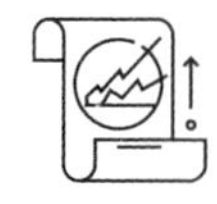

洪亮吉：刚正不阿，勇于直言

生平简介

洪亮吉（1746—1809），原名洪莲，字华峰，江苏阳湖人。在乾隆三十七年（1722 年），他改名为礼吉，在乾隆四十六年（1781 年）参加礼部会试春闱时，又改名为亮吉。洪亮吉在学术上最大的贡献是他的人口理论。在清朝中叶，全国人口迅速增长，引起了洪亮吉的担忧。洪亮吉在 18 世纪就对中国的人口增长有所警觉，这是非常难能可贵的。他的人口学说比英国马尔萨斯的《人口论》早提出了 5 年，因此人们将洪亮吉视为“中国的马尔萨斯”。

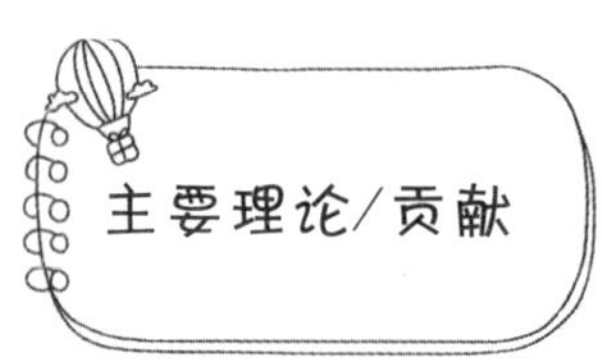

主要理论/贡献

洪亮吉主要关注人口问题的分析。他认为社会上的人口增长速度远远超过生活资料的增长速度，这是导致人民生活贫困和社会动荡的主要原因。他指出，在同一时期内，特别是在“治平”时期，“田与屋”，即生产资料和生活资料的增长速度通常是一倍、三倍、五倍，而“户与口”，即家庭和人口的增长速度却是十倍、二十倍，因此田与屋的数量经常不足，而户与口的数量则经常过剩。此外，“兼并之家，一人据百人之屋，一户占百户之田”，更加剧了人口和生活资料之间的矛盾，导致了人民的困苦和死亡。

洪亮吉认为有两种缓解这种矛盾的方法：一种是依靠天地自然的调节，如水灾、旱灾等；另一种是依靠君主和官员的调节，包括利用未被耕种的土地等。然而，他认为这两种方法都不能从根本上解决人口过剩问题，因此对人类社会的发展产生了悲观主义的结论。

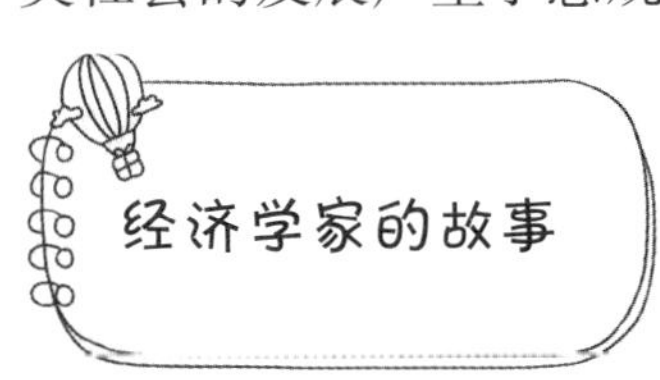

经济学家的故事

洪亮吉因与嘉庆皇帝的纠葛，被称为大清第一硬汉。清廷中，阳湖人以其名气和影响力而闻名。他们大多以刚直不阿的品质而著称，洪亮吉更是其中的代表。

1799 年，乾隆皇帝去世，洪亮吉进京哭祭并被大学士朱珪起用，参与编修《清高宗实录》。同年，嘉庆皇帝在其父亲驾崩后立即诛杀大贪官和珅，获得大量财富并独揽朝政。当朝廷百官纷纷对嘉庆皇帝除去和珅的行为表示赞扬时，也极力表态与和珅划清界限。因此，嘉庆皇帝颁诏征求直言之策。

洪亮吉经过一个月的思考，写下了《乞假将归留别成亲王极言时政启》一文。这份奏折直言不讳，尖锐而激烈。他批评了已故福临王的挥霍浪费以及其他四十多名长期欺骗内廷、误国的官员，抨击了舞弊受贿等时事。他甚至直言指责嘉庆皇帝本人，指出了当前朝政的问题，如“风俗日趋卑下，赏罚不严明，言路似通而未通，吏治欲肃而未肃”。他明确表示这些问题的原因是嘉庆皇帝本人不作为，并特别指出嘉庆皇帝应该效法雍正皇帝的严厉，然后再效法康熙皇帝的仁慈。他还指出，和珅等人之所以胡作非为，是因为朝廷纲纪松弛。一旦制度不完善，小人就会钻漏洞，成为国家的祸害。他告诫嘉庆皇帝进行改革，严惩营私舞弊的行为，并完善制度，防止这类现象的发生。他请求朱珪和刘权代为奏折，将信函送到成亲王处，再转交给嘉庆皇帝。这一大胆行为自然激怒了嘉庆皇帝。

嘉庆皇帝对洪亮吉的言辞“群小荧惑，视朝稍晏”非常反感，下令革职审问洪亮吉，刑部认为他犯有“大不敬罪”，应当斩首。幸运的是，在洪亮吉命悬一线之际，嘉庆皇帝最终改判为免死、流放伊犁，这就是清朝著名的“洪亮吉事件”。

后来嘉庆皇帝说起洪亮吉所奏："实足启沃朕心，实系出自公忠体国，而言人所不敢言者。"对洪亮吉呈上的奏折，嘉庆皇帝常放在御座旁，常对人说这是他的座右箴言。第二年，也就是洪亮吉在流放伊犁一百天后，他得到朝廷的特赦，被释放回到原籍。从那以后，洪亮吉一直在家中专心写作，最终留下了千古流传的作品。

启迪青少年

洪亮吉是一个勇于直言的人，他毫不畏惧地批评了朝廷的不作为和嘉庆皇帝的错误决策，指出了朝政的问题，并提出了改革的建议。这份奏折虽然激怒了嘉庆皇帝，但也引起了他的重视和反思。他不仅指出了问题，还提出了解决问题的方法。他的行动展示了一个人应该有的勇气和责任感。与此同时，嘉庆皇帝虽然对洪亮吉的言辞感到反感，但他也意识到了洪亮吉的直言是出于对国家的忠诚和关切。嘉庆皇帝最终改判了洪亮吉的死刑，并特赦了他的流放。洪亮吉在面对困境时没有退缩，他坚持自己的信念。他的坚持和努力使他成了一个有影响力的人物，并留下了千古流传的作品。总的来说，这个故事让我们明白了直言不讳的重要性，以及执行力和恒心的力量。希望我们能够像洪亮吉一样，勇敢地面对问题，并用自己的行动去改变和影响世界。

何炼成：甘为人梯，桃李天下

何炼成（1928—2022），湖南浏阳人，毕业于武汉大学，经济学家、教育家，全国劳动模范、“有突出贡献专家”称号获得者，西北大学经济管理学院名誉院长。1950年，何炼成加入中国共产党。1951 年毕业于武汉大学法学院经济系，毕业后被统一分配到西北大学任教。曾任西北大学党委委员、经济系主任，西北大学校务委员会和学术委员会副主任、经济管理学院院长。兼任中国经济规律系统研究会副会长，中国《资本论》研究会、中国市场经济研究会、中国宏观经济学会常务理事，以及武汉大学等 20 所国内大学的兼职教授和美、日、德 4 所大学的客座教授。

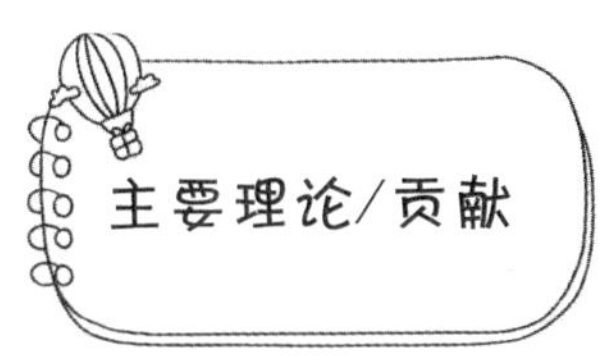

主要理论/贡献

何炼成是我国著名的高等教育专家，从事数学和科研工作近半个世纪，除“文化大革命”的10年外一直在教学第一线，先后讲授过7门课程，授业学生近万人。

除此之外，何炼成教授曾先后出版了专著10部，主编书35部，发表论文400多篇。在生产劳动理论、劳动价值论、社会主义所有制论、价值学说史、中国经济管理思想史等方面，具有自己的独到见解，受到全国经济学界的重视，被称为“西部学派”的创建者、中国发展经济学奠基人。其科研成果，先后获过30多次奖励。

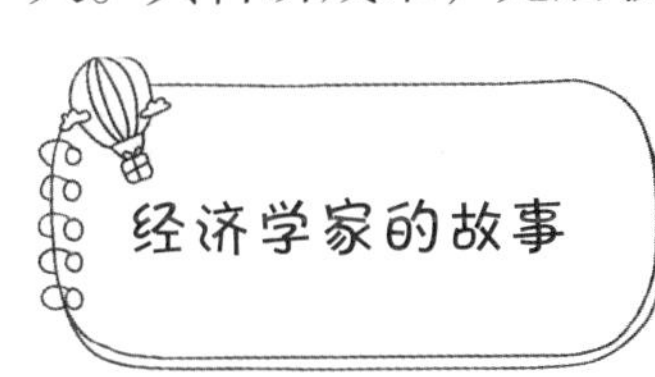

经济学家的故事

“甘为人梯”是何先生的座右铭。他始终秉持着这种精神，精心为国家培养优秀的经济学人才。

作为一位教育家和经济学家，何炼成先生可以说是一位独具慧眼的伯乐，他在选拔人才时不拘一格，既重视学历，又不唯学历；既重视考核，又不唯考核。在他的悉心培养下，涌现出一大批优秀的经济学人才，为西北大学经济系的后来居上奠定了坚实基础。魏杰教授当年就是在何教授的鼓励之下、在大学二年级就考取了何先生的研究生，张宝通①研究员、邹东涛②教授当年则是以物理系在校大学生的身份考取何教授研究生的。

除此之外，何炼成先生具有宽广的胸襟和包容的心态，他在教学过程中，不仅注重基础知识的系统训练，还鼓励学生发挥自己的想象力和创造力，提出独创性的观点。他从不干预学生的研究方向，不限制他们的兴趣爱好，也不强迫学生服从其观点，唯一要求就是要自圆其说。他充分尊重学生的选择，发挥他们的最大潜能，留给他们广阔的自我创造空间。

在他的悉心指导下，许多学生都取得了优异的成绩，成为各自领域的佼佼者。张维迎教授就曾说，自己当年的硕士论文与何教授的研究方向不尽相同，也与当年的传统观点相左，但何教授从不加以干预，而是热情支持、悉心指导，也因此自己才能在莫干山会议上一举成名，成为

---

① 张宝通研究员是“一带一路”国际智库首席经济学家，联合国世界丝路论坛中国委员会高级顾问。曾获国家价格学术研究最高奖“薛暮桥价格研究奖”。

② 邹东涛教授是我国著名经济学家，曾被特聘为中央财经大学中国发展和改革研究院院长。

“放”派[①]代表人物。

何炼成教授的教育理念概括起来就是“既授人以鱼，又授人以渔”。他的课堂生动有趣，深受学生喜爱，不少学生都回忆说听何老师的课简直是一种享受，到下课铃响还埋怨时间过得太快。除了在课堂上，课后何教授也下了很大的功夫，他布置的作业常常是一周或几周一篇文章或文章式问答题，并且会一字一句地批阅、修改学生的作业，然后还写上一大页评语，这对学生来说是莫大的鼓励和鞭策！通过这样的方式，慢慢地学生们在思考和写作能力上得到了很好的锻炼。

何炼成教授用自己的实际行动证明了“甘为人梯”这句话的真正含义。他的教育成就得到了广泛的认可，为国家培养了一大批优秀的经济学人才，他的精神和思想将永远激励着我们继续前行，为国家和民族的发展贡献自己的力量。

---

① 莫干山会议，即1984年9月在浙江省德清县莫干山上召开的第一次全国性的中青年经济科学工作者讨论会，是中国改革史上的一个重要事件。在这场会议中，来自全国的青年学者为即将全面展开的城市经济体制改革提出了诸多有价值的建议。其中，关于价格改革问题会上出现了三派观点：以张维迎为代表的“放”派主张价格以放开为主，以田源为代表的“调”派主张价格以调为主，以何家成为代表的第三派提出了放调结合的双轨制思想，最终价格双轨制的改革思路得到了会议的赞同，并被中央采纳。

启迪青少年

何炼成教授在教育过程中展现了宽广的胸襟和包容的心态。他尊重学生的选择，鼓励他们发挥想象力和创造力。他教育学生不仅仅是传授知识，还注重培养学生的能力和思维方式。何教授的教育理念提醒我们青少年在学习和成长过程中，保持开放的心态，勇于尝试和创新，注重培养自己的能力和品质，培养自己的个性和独立思考的能力，不断追求卓越，提高自己的专业素养，为实现个人和社会的发展做出积极的贡献。

柯尔贝尔：为国奉献，鞠躬尽瘁

让·巴普蒂斯特·柯尔贝尔（1619—1683）是法国政治家和国务活动家。他长期担任法国财政大臣和海军国务大臣，并在路易十四时代扮演了重要角色。但他的大部分成就被路易十四迅速消耗掉了。浩大的军费开支使政府财力枯竭，造成财政崩溃。最终后果就是，当太阳王路易大帝的声誉崩溃时，柯尔贝尔也连带受到严厉的批判。柯尔贝尔在他去世后遭到负面评价，并持续了一百年。直到1789年法国大革命之后，他的卓越贡献才被重新认识和赞赏。如今，人们普遍认可柯尔贝尔是一位杰出而伟大的国务政治家。

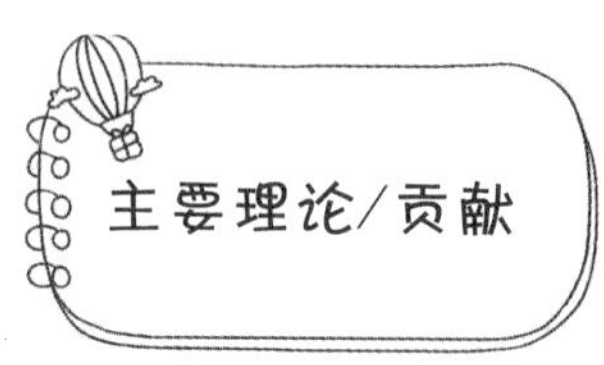

在财政方面，为了改善国家的财政困境，柯尔贝尔采取了增加国库收入的措施，来应对不断增长的财政支出。在工业方面，为了增加税收征收额，促进工业的快速发展，柯尔贝尔采取了一系列措施来支持工业发展，包括向手工工场主提供大量补贴和贷款，以及给予某些产品在生产和销售方面的特殊待遇。在商业方面，柯尔贝尔加强了国家干预。成立了“商业事务专门委员会”，并颁布了商业法，采取了减少税收和扩大税区的措施，统一了全国的税率，以促进商品流通。对外贸易方面，柯尔贝尔实行了严格的关税保护制度，对除原料外的进口商品实施了限制，同时通过奖励出口，促进本国商品在国外市场上的竞争。在农业方面，柯尔贝尔也采取了一些措施，例如对农作物的种植实行奖励政策，减轻了农民的部分税负，帮助农民开发耕地，并修建了供水灌溉系统等设施。

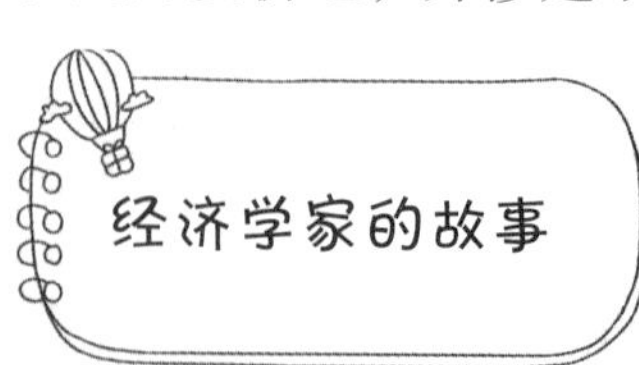

在《路易十四时代》中，伏尔泰将路易十四比作古罗

马皇帝奥古斯都，称其为显赫一时的“太阳王”。他迅速崛起，征服了佛兰德，进攻了荷兰，炮击了阿尔及利亚，降伏了热那亚，收购了敦刻尔克……然而，历史学家对他的评价不一。柯尔贝尔是路易十四的得力助手，担任财政和国务大臣。

柯尔贝尔刚成为财政检察官时，国家总收入为 8 900 多万法郎，但还需要偿还瓦卢瓦王朝时期的老债，实际收入只有3 200万法郎。然而，到柯尔贝尔去世时，国家收入达到 1.05 亿法郎，而债务只有 3 200 万法郎。此外，他还同时兼任许多其他职位，甚至被要求管理海军。他的工作强度远超现代的“996”，每天忙得不可开交，他还觉得自己的拉丁文学得不好，甚至挤出时间找老师学习拉丁文。但他的饮食很简单，就吃面包和汤，以至于其他人都认为一个大臣吃得这么差劲真是不值得。

每天他的主要担忧都是如何筹款。路易十四只顾花钱，经常举办盛大舞会。1662 年，英国威胁要法国偿还一百万债务，否则将占领马尔迪克港口。当柯尔贝尔无法找到筹款的出路时，路易十四仍然无忧无虑，甚至修建了一座名为泰提斯洞穴的平台，里面摆放着奥林匹斯众神的雕像，洞壁要么用大理石，要么用黄金，要么用镶嵌花砖，要么用青铜。而一场大型舞会的开支足以偿还英国人的债务。

和经济学家聊成长：执行与恒心

柯尔贝尔刚接手海军事务时，海军只有一个秘书长和几个办事员，在全国范围内没有任何军舰或港口。然而，在他的十年任期内，法国拥有了100艘船和6万名水手，并建立了布雷斯特、土伦、罗什维尔和敦刻尔克等港口，并培养了大量工程师。他在1664年创立法国东印度公司。他还被选为法兰西学院成员，并创立了法国金石和美文学科学院、法国科学院和皇家建筑学院，以及法兰西罗马学院。他致力于创办众多机构以培养杰出的语言和科学人才。勤勤恳恳的柯尔贝尔，是当之无愧的帝国守护者。

启迪青少年

柯尔贝尔是一个非常令人敬佩的人物。他以无与伦比的执行力和恒心，为法国做出了巨大的贡献。他作为路易十四的得力助手，承担了财政大臣和国务大臣的重要职务。柯尔贝尔的工作态度令人钦佩。他以惊人的速度使国家财政状况得以改善。他将自己的个人需求置于国家利益之下，最大限度地为国家服务。他通过自己的努力，为国家的强大和繁荣做出了巨大贡献。柯尔贝尔的奉献精神和才能是无可比拟的。他以无畏的决心和毅力克服了各种困难，为法国的发展和繁荣做出了不可磨灭的贡献。他的故事激励着我们应该始终保持执行力和恒心，向着我们的目标不断努力，为国家的发展做出自己的贡献。

治学篇

在“治学”这间房里，坐着于光远、董辅礽、汤象龙、菲利普·费雪、埃丝特·迪弗洛、克劳迪娅·戈尔丁这几位经济学家。他们在治学上获得了极大的成就，小明十分乐意向他们请教。

我们学习的目的是什么呢？ 小明

于光远 学习的目的应该放在对自我完善的不断追求之上。

那如何做到终身学习呢？ 小明

董辅礽 阅读、总结、提炼、升华、输出。

如何在治学和实践中找到平衡呢？ 小明

汤象龙 我觉得可以制订明确的学习和实践计划，并及时总结经验。

在学习的过程中，您如何保持开放的心态和接受新观点的能力？ 小明

菲利普·费雪：要经常接触多样化的信息来源拓宽自己的视野，并且多和他人讨论、分享自己的观点，倾听他人的意见，尊重多样的声音。

小明：怎样才能成为像您一样对社会有贡献的人？

埃丝特·迪弗洛：多读书、多实践、多社交，把自己变成一个非常优秀的人。

小明：您觉得经济学可以帮助我们理解社会和世界吗？

克劳迪娅·戈尔丁：这些知识可以让我们从经济学的角度，去更好地理解世界的运作方式，从而更好地融入社会并做出更明智的选择。

经济学家们：不妨看看我们的人生经历和故事吧！加油！

于光远：活到老，学到老

于光远（1915—2013），上海人，中国著名经济学家、中国社会科学院副院长、中国社会科学院研究员。1936 年毕业于清华大学物理系。1937 年加入中国共产党。1941 年起从事陕甘宁边区经济的研究工作。曾任国家计划委员会经济研究所所长、中国社会科学院副院长兼马列主义毛泽东思想研究所所长、中共中央顾问委员会委员。2018 年 12 月 18 日，于光远被授予“致敬改革开放四十周年·中国智库建设 40 人”荣誉。

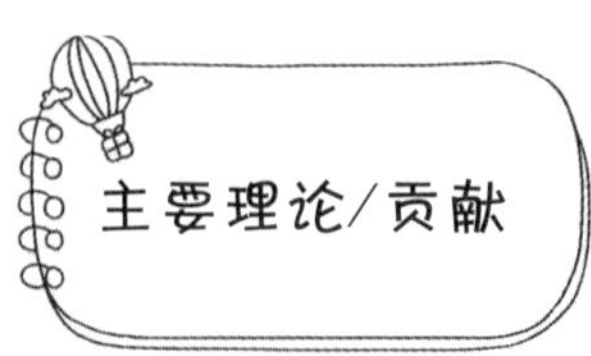

于光远学识渊博，学贯“自然科学”和“社会科学”，是中国当代思想解放运动和改革开放的重要参与者和见证

人，他长期从事经济理论研究工作，参与了许多重要的决策，很多经济建设和经济体制改革中的重大理论问题都是由他率先或较早提出的。他始终致力于将马克思主义著作中已阐明的原理运用于现代经济生活，将马克思主义运用于中国改革实践的经济理论发展。代表性著作有：《哲学论文演讲和笔记》《一个哲学学派正在中国兴起》《政治经济学社会主义部分探索（1~7卷）》《中国社会主义初级阶段的经济》《经济社会发展战略》等。

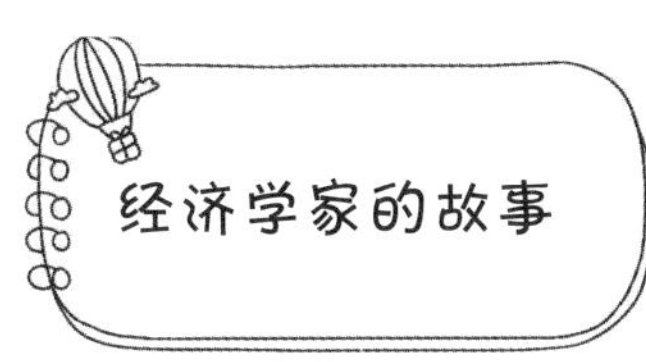

于光远1915年出生于上海的一个知识分子家庭。他被认为是中国学术界思想敏锐、学识渊博、勤奋多产的代表人物。他一辈子都在学习，一辈子都在思考，真正做到了活到老学到老。于光远在总结自己的治学态度和方法时，引用了尼采的名言：“我绝不浪费时间”；还引用了韩愈的警句：“业精于勤而毁于惰”。

这两句话成为他一生的座右铭，也成了他在学术界的一种标志。因为于光远先生在一生中是的的确确把这两句话落到实处的。

他从不浪费自己的时间，他曾说过一个人的生命是很有限的，能够有效地工作的时间更短，而自己应该研究和喜欢研究的问题却很多。因此他立志绝不浪费宝贵的时间，即便在飞机上他也不休息，而是专心工作、学习和写作。1957 年他在飞往莫斯科的飞机上写了一封很长的信给国内的同事，因为飞机颠簸，字写得乱七八糟，同事们看了都开玩笑地说，哎呀，这是“天书”，天上来的书信。

于光远还提倡做学问的人要勤快，不能懒惰。他总结了四个“勤”：脑勤，不断想问题；眼勤，经常看书刊；笔勤，经常写；腿勤，经常出门。他认为勤就是爱劳动，劳动创造物质和精神财富。一个人只有勤，才能有所作为。他还有八个字“无时不思，无日不写”。这八个字，不是警句，更不是格言，而是他本人的习惯。

1991 年于光远得了癌症，在接受全身麻醉的外科手术后，他清醒的时间只有 40 小时，这 40 个小时他还不能下床活动，于是就口授一篇短文，请护士记录下来，最后在《服务科技》上发表。后来，在手术后的化疗过程中他不幸感染了肝炎，医生要求他卧床休息，他又口述了他本人 20 岁前的经历，最终也出了书。1999 年的时候，于光远已经 84 岁了，但他依然坚持学习用电脑进行写作，那时他的食指和与食指相连的手背上曾经开过很多次刀，导致他的手指早就不能弯了，根本无法使用鼠标。于光远就想办法一只手抓住移动鼠标，另一只按鼠标键和敲击键盘，就这样他成功地在电脑上写出了很多文章和著作。

于光远的这种精神和他的学术成就，使他成为中国学术界的一面旗帜。他的一生都在追求知识，并为学术界做出了贡献。他的精神和成就，将永远激励着后来的学者们。

启迪青少年

于光远先生用自己的实际行动为青年人树立了榜样，他的故事告诉我们，只有通过不断学习和思考，坚持勤奋工作，锤炼自己的思考能力和组织能力，不浪费人生的每一分每一秒，才能在人生的道路上不断前进，拓展自己的知识和能力领域，实现自己的梦想和价值。

董辅礽：敢为天下先

董辅礽（1927—2004），出生于浙江省宁波市，中国著名经济学家，有“一代经济学大师”之称。1950 年毕业于武汉大学经济系。1953 年远赴苏联学习，获苏联莫斯科国立经济学院副博士学位。1959 年进入中国社会科学院经济研究所工作。1985—1988 年任中国社会科学院经济所所长。1988 年后担任中国社会科学院经济研究所名誉所长。1984 年获首届孙冶方经济学奖。主要著作包括《社会主义再生产和国民收入问题》《大转变中的中国经济理论问题》《经济发展战略研究》《中国国有企业制度变革研究》《中国经济体制改革研究》《经济发展研究》《论孙冶方的社会主义市场经济》《走向市场化的中国经济》等。

董辅礽是中国当代最有影响力的经济学家之一，他在理论和实践上为推动中国经济改革与经济发展做出过重大的开拓性的贡献，在学术上取得了多方面的丰硕成果：董辅礽在20世纪50年代—60年代提出的关于再生产数量关系的数字模型，被誉为“中国经济成长论的代表”。在改革开放初期，他就大胆提出了企业改革的方向应该是“政企分离”，“政社分开”的政策性建议。他最早提出并一直坚持所有制改革，这一观点后来成为中国经济改革成功的关键。这些瞩目的成就使董辅礽获得“一代经济学大师”的美称。

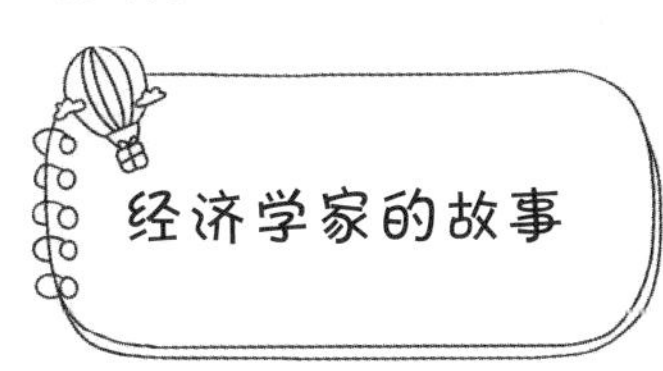

董辅礽先生是一位不寻常的经济学者。在改革的重要关头，他常常站在风口浪尖上表达自己的观点。他的锐气、勇气和骨气，使他敢为天下先。

1961年，当时国内工业和农业、重工业和轻工业，积累和消费的比例均严重失调。董辅礽带队在东北实地考察时目睹了一位顾客在商店买了几块饼干，还没出商店就被别人当街抢去了。这一幕让当时的董辅礽十分痛心，他深深地认识到这个问题的严重性，他意识到这些情况再遮掩下去一定会误国害民。

回京后，他立马写了一个很有分量的调查报告，如实地指出了我国经济比例失调的问题。其实在当时“国民经济比例严重失调”这个问题是很敏感的，是不允许提的，更不允许学术探讨，但董辅礽坚持：“实际情况是怎么样就应该怎么写。”董辅礽的这一行为是需要很大的政治勇气的，换作别人肯定要再三权衡利弊，但是董辅礽没有顾虑，正如别人评价所说：他是走直线的人，找准了路，是不回头的。

1978 年，当时人民公社的弊端早已显现，但是全国没有一个人敢站出来指出问题，除了董辅礽。在全国哲学社会科学规划会议上，他直接提出了要改革国家所有制形式的论点，并发出“政企分开”和“政社分开”的历史性呼吁。这是非常大胆的提议，有学者曾说这一理论，吹响了中国生产资料所有制改革的第一声号角。接着，他又提出一系列经济体制改革理论。其中最著名的是他的“社会主义经济应当是以公有制为主导的多种所有制的混合经济”理论，这一理论被人称为“董记八宝饭”理论，充满锐意和超前意识。

可以说董辅礽在每一个历史时期提出的观点几乎都具有超前性，一般比形成共识早十年左右，而每一次超前理论的提出，在当时都受到了不同程度的压力、攻击或误解，可董老从没受此困扰。董辅礽的文章始终充满了经济学者“经世济民”的责任感。

启迪青少年

董辅礽在他五十多年的学术生涯中，始终秉持着敢为天下先的治学精神，对于改革中的问题，他直言不讳；他以事实为依据，提出超前理论，因此遭遇各种非议，但他从不气馁。董辅礽先生的故事启示我们也要有这种敢于担当和负责任的精神，要有敢为天下先的勇气和韧性，勇敢地去克服一切困难，坚持自己的观点和见解，积极探索和实践自己的梦想，为社会做出实际的贡献，推动社会进步。

汤象龙：为后人树立榜样

汤象龙（1909—1998 年）是于 1925 年进入清华大学文科的首届学生。毕业后，他留校做特别研究生一年，专攻中国近代经济史。30 年代期间，他在北平社会调查所与中央研究院工作，并与陶孟和合作创办了《中国近代经济史研究集刊》，成为中国首份经济史专业学术刊物的实际主持人。同时，他领导发起了史学研究会，是中国经济史研究的先驱之一。他组织了大规模抄录清宫档案中的财政经济史资料，并运用统计方法进行系统整理。因此，他被誉为“中国经济史学科的主要奠基者与创始人”，也是西南财经大学经济史学科的奠基人。

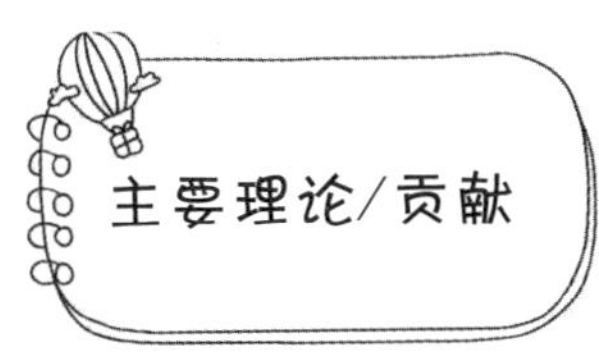

对于经济史的研究，汤象龙提出以下观点：①随着历史的演进，历史科学也应该不断演进。在1936年，他在为罗尔纲先生所著的《太平天国史纲》所写的序言中提到：“历史科学应该随着时代的进步而不断改进。今后的历史应该以整个民族或各民族的发展为核心，记录他们多方面的活动。”②撰写历史必须力求真实可信，必须以史实为基础，从实际中发现问题、研究问题并提出见解。他反对脱离历史实际的空泛理论性讨论，他要求自己未来所著的一系列经济史论著都必须建立在充分资料的基础上，以严谨的态度完成。③搜集和掌握资料是研究历史，尤其是经济史的首要重要工作。要做到求实传真必须有充分的资料。中国经济史研究起步较晚，史料的搜集非常困难，因此必须重视资料的搜集和整理工作。

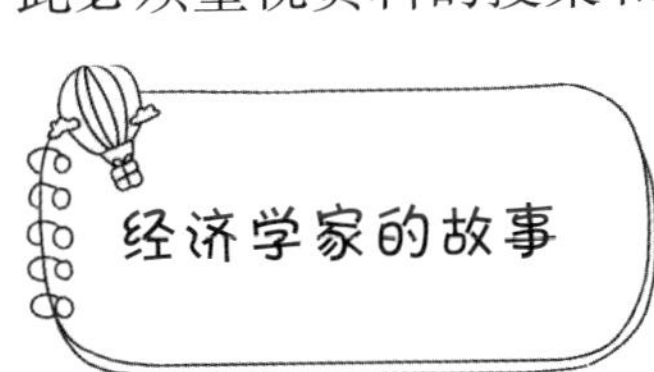

在清华求学期间，汤象龙勤奋刻苦，对史书史料进行不懈阅读，并从中意识到经济因素在人类历史发展中的至

关重要性。这一认识促使他志愿研究中国近代经济史。1929 年，年仅 21 岁的他选择了“鸦片战争的经济背景”作为研究课题，并开始了经济史研究之路。一年后，他成功完成了一篇四万字的专题论文，其中翔实地论证了道光时期外国鸦片大量输入和中国白银大量外流是导致清政府严禁鸦片的根本原因。这篇论文成为我国首篇从经济角度研究鸦片战争爆发原因的学术论文，也是当时学术界的一大创见。

1930 年 7 月，汤象龙从清华毕业，随后加入当时的北平社会调查所，继续从事中国近代经济史的研究。两年后，他成为该所经济史组的组长，主持全组研究和整理清政府财政经济档案工作，并主编了《中国近代经济史研究集刊》。尽管当时他还是一位年轻的史学工作者，但他已经有了自己的历史研究见解，提出历史学应该随着历史的发展而发展，历史研究工作应以民族的发展为主体，记载其中多方面的活动。

在“文化大革命”时期，汤象龙并没有因为环境的恶化而停止他对学术史料的整理和研究。即使在一千六百余本专业书籍和多年积累的统计资料及卡片被查抄时，他仍然坚定地为自己的理想而奋斗。1972 年，汤象龙不幸患上癌症，但凭借坚强意志与病魔斗争，利用以往的资料积累，昼夜不停地撰写，最终完成了经济史学巨著《中国近代海关税收和分配统计（1861—1910 年）》。这本书为中国近代史、近代经济史和近代财政史提供了重要的资料和新的见解。责任编辑刘德麟先生在该书出版时写信对汤象龙的著作给予了高度赞扬。

汤象龙晚年在病中为了勉励自己和子女，用颤抖的手提笔书写“自力更生，立身之道，建国之本”，展现出他对学术事业和人生理想的坚定追求。

启迪青少年

汤象龙先生的一生充满了对经济史研究的执着与恒心。他在对历史的深入研究中，提出了许多重要的观点，其中包括历史科学应该随着时代的进步而不断改进，历史研究必须建立在充分资料的基础上，以及搜集和掌握资料是研究历史的首要重要工作等。这些观点体现了他对历史研究的严谨态度和对真实可信历史的追求。即使在生命的最后阶段，他仍然以坚定的意志和不懈的努力完成了《中国近代海关税收和分配统计（1861—1910 年）》这部重要著作，为中国近代史、近代经济史和近代财政史提供了重要的资料和新的见解。汤象龙先生的故事告诉我们，对于研究与事业，执着与恒心是至关重要的。他的一生充满了对知识的追求和对学术事业的热爱，他的坚韧不拔和不懈努力为后人树立了榜样。

菲利普·费雪："天生"的经济学家

菲利普·费雪（1907—2004），1907 年生于旧金山，现代投资理论的开路先锋之一，成长股投资策略之父，教父级的投资大师，华尔街极受尊重和推崇的投资家之一。1928 年毕业于斯坦福大学商学院，受聘于银行证券分析师职位；1931 年创立费雪投资管理咨询公司；1961 年受聘于斯坦福大学，教授高级投资课程。

费雪是成长股投资策略的创始人，理论与实操俱佳，在投资史上堪与格雷厄姆齐名。他定义并传播了"成长股"这一概念，主张投资者应该回到现实世界去理解公司，提出研究和分析企业不能仅停留在财务数字上，而应

该从实际出发，观察企业的实际经营管理情况，关注企业的行业特征、企业状态、公司文化、管理水平，以及在此基础上的成长展望等，这些都是对短期股价无足轻重，但决定企业长期命运的要素。他开发出来的理论工具就是“闲聊法”与“投资 15 要点”。

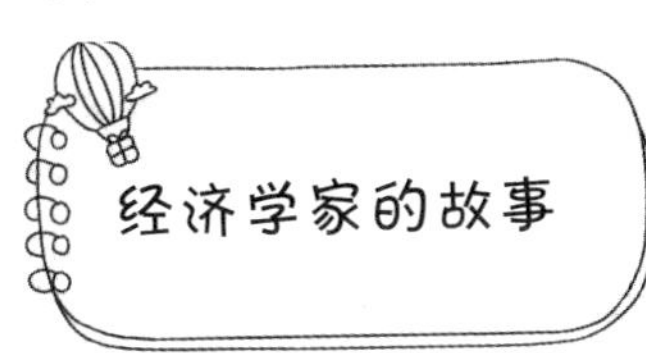

费雪 1907 年出生于旧金山，父亲是位医生。他很小的时候就知道股票市场的存在以及股价变动带来的机会。这源于费雪特别亲近的祖母。他上小学时，有一天下课后去看望祖母，恰好一位伯父正与祖母谈论未来工商业的景气程度，以及股票可能受到的影响。两人虽然只讨论了 10 分钟，但是费雪却听得津津有味，费雪后来表示：“一个全新的世界展开在我眼前。”

20 世纪 20 年代是美股市场十分狂热的年代，费雪十几岁就开始买卖股票，并且赚到一点钱。不过他父亲对于他买卖股票的事情很不高兴，认为他这是赌博。但是费雪依然对此抱有很大的兴趣。1928 年，费雪于斯坦福大学商学院毕业时，恰好遇到旧金山市国安盎格国民银行招聘主修投资的研究生，费雪争取到这个机会，受聘于该银行当上一证券统计员，由此开始了他的投资生涯。

1929年，费雪评估美国基本产业的前景时，见到许多产业出现供需问题，因此，虽然此时美股仍然涨个不停，但费雪成功地预测到美股市场离股灾已经不远了。1929年8月，他向银行高级主管提交了一份“25年来最严重的大空头市场将发生”的报告，这可以说是一个人一生中最令人赞叹的股市预测。1930年，美股崩溃，费雪当上部门主管。不久，一家经纪公司高薪聘请费雪。这家经纪公司给予他相当大的自由，他可以自由选取股票进行分析，然后将报告分发给公司的营业员参考，以帮助他们推广业务。但由于股市崩盘带来的巨大冲击，费雪仅干了8个月，公司就倒闭了。

这时候受市场崩盘的影响，百业萧条，年轻的费雪找不到更理想的工作，于是选择自主创业。1931年3月1日，费雪开始了投资顾问的生涯，他创立费雪投资管理咨询公司。最初他的办公室很小，没有窗户，只能容下一张桌子和两把椅子。在此后几十年里，费雪成功地发掘出摩托罗拉、德州仪器等大型的超级成长股并长期持有，不仅个人获得了巨大的财富，也为他在专业人士的圈子里面赢得了煊赫的名声。

在费雪的投资生涯中，最成功的、也最为后人所称道的就是预测了摩托罗拉的价值一事。1955年，在摩托罗拉还是一家无名小公司的时候，他就断然大量买入其股票并长期持有。在此后的20多年里，摩托罗拉迅速成长为全球一流公司，股价也涨了19倍多。

尽管投资生涯超过半个世纪，但菲利普·费雪真正投资的股票只有14支，其中收益最少的有7倍，最多的高达上千倍。

启迪青少年

费雪在评估美国基本产业前景时，能够准确地预测到市场即将面临的困境，这显示了他独立思考和判断的能力。因为经历了股灾和百业萧条后找不到理想的工作，费雪选择了自主创业，创立了投资顾问公司，这显示了他面对困难积极应对的勇气和决心。费雪在投资生涯中只选择了14支股票进行长期投资，他始终关注企业长远的发展前景，强调不要被短期的市场波动所左右，他选股的原则体现了他长远的眼光。费雪的故事告诉我们，面临人生的种种选择，我们要始终保持独立思考和判断的能力；将目光放长远，不局限于眼前的得失；要有勇气、有决断，这样才能做出正确的决定。

埃丝特·迪弗洛：务实的“管道工”经济学家

埃丝特·迪弗洛，1972 年 10 月 25 日出生于法国巴黎，是法国经济学家，阿卜杜勒·拉蒂夫·贾米尔贫困行动实验室联合创始人。迪弗洛的获奖履历极为丰富：2009 年获得麦克阿瑟“天才”奖学金，被《经济学人》杂志评为“八大杰出经济学家”之一，被《外交政策》杂志评为“百位最具影响力思想家”之一。2010 年度获得约翰·贝茨·克拉克奖，该奖项素有“小诺贝尔奖”之称。此外，她还是国际顶级期刊《美国经济评论》的主编，是该杂志历史上最年轻的主编。她还曾任前美国总统奥巴马的经济顾问，她是过去十年间论文被全世界引用最多的女性经济学家，也是众多重要经济著作的合著者。2019 年，因“在减轻全球贫困方面的实验性做法”，她与丈夫阿比吉特·班纳吉，以及迈克尔·克雷默一道获得诺贝尔经济学奖。

迪弗洛一直在致力于探索发展中国家所遇到的实际问题，坚持帮助落后地区进行反贫困的斗争。在其研究生涯中，她遇到问题从不大而化之，泛泛而谈，而是把着眼点落在一个个能够促进发展中国家或地区进步的具体项目上。她从对项目的研究中总结出理论和相关的政策建议，推动发展经济学变得更加实际化、更加有现实意义。她在发展经济学的重要转型过程中起到了重要的引领和示范作用。除此之外她还把随机实验的思路引入经济学研究中，用“基于实践的方法”研究如何解决全球贫困问题，从根本上革新了扶贫发展这一整个领域。

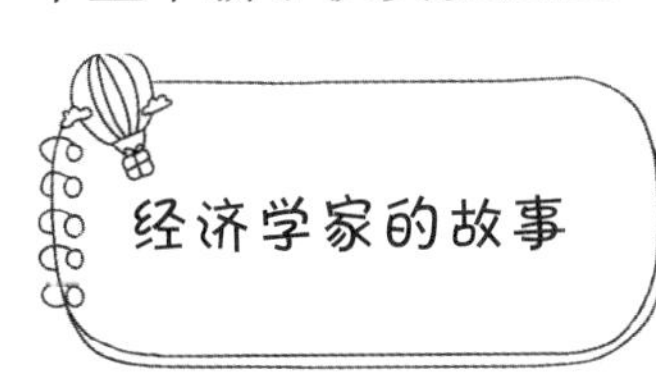

出生于法国巴黎的迪弗洛，从小就在接触“贫困”。她的母亲是一名儿科医生，经常访问卢旺达、海地和萨尔瓦多等国家，帮助治疗贫困儿童或战争受害者。母亲的工作经历让迪弗洛在很小的时候就经常接触贫困的环境。

6 岁时，迪弗洛在一本关于特蕾莎修女的书中读到了

一个叫加尔各答的城市。这个城市特别拥挤，人均居住面积只有0.93平方米。当时，她把这个城市想象成一个大棋盘，由多个小格子组成，每个小格子只能挤进去一个“小兵”。她当时就在思考，自己究竟能为这个拥挤的城市做些什么。到24岁那年，她终于来到加尔各答，当时她已经是麻省理工学院的研究生。在乘出租车前往市区的路上，她望向窗外，眼前的一切令她有些失望：市区里竟杳无人烟，只有树木、草坪和孤单的人行道。迪弗洛不禁感叹，书中描述的触目惊心的困境在哪里，那些拥挤的人群都在哪里呢？这些疑问在迪弗洛心中埋下了一颗探索贫困的种子，同时在母亲的影响下，她将对贫困的细腻和感知转化为了她一生的工作。

之后，迪弗洛获得了麻省理工学院经济学博士学位，并成为经济系助理教授。在麻省理工学院工作期间，她主要从事健康、教育、普惠金融和环境治理等领域的研究，并撰写了大量的学术论文。包括肯尼亚的艾滋病毒预防、教师激励如何提高学生成绩、提高印度的免疫接种率、社会互动在退休计划决策中的作用以及增加女孩的教育机会等主题。2002年，年仅29岁的她成功晋升为副教授，并成为获得终身教职的最年轻教职员工。

就像她自己说的那样，经济学家应该像“管道工”那样工作，不仅要安装系统，还要随时观察，要在出现明显泄露和堵塞的时候进行修补和疏通。这种严谨、沉浸式的工作作风让她不断在自己的人生绘本上增添色彩。

往后，她用 20 多年的时间，使用“随机对照实验”方法来寻找有关贫困问题的答案。她坚信有解决贫困的方法，然后就开始去不断地尝试，最终为解决贫困问题做出了重要贡献。

启迪青少年

迪弗洛以严谨、沉浸式的工作作风进行研究，将自己的经济学知识和研究能力与对贫困问题的关心结合起来，不断寻找解决贫困问题的方法，并通过实践尝试，为解决贫困问题做出了重要贡献。这告诉我们要勇于探索和创新，不断寻找新的解决方案，为社会问题找到更有效的解决办法。除此之外，作为一个成功的女性经济学家，迪弗洛希望她的研究能激励更多的女性，为她们争取到应有的尊重与机会。她的努力不仅为她自己收获了肯定，也为其他女性树立了榜样。

克劳迪娅·戈尔丁：第一位独享诺贝尔经济学奖的女性

克劳迪娅·戈尔丁是2023年诺贝尔经济学奖获得者，是历史上首位独享诺贝尔经济学奖的女性。戈尔丁本科毕业于康奈尔大学，在芝加哥大学获得博士学位，曾于1989—2017年期间任美国国家经济研究局的美国经济发展项目主任，2006年当选美国国家科学院院士，2013年担任美国经济学会主席，1999—2000年担任经济史协会主席，目前担任哈佛大学经济系教授。在数十年的学术生涯中，戈尔丁收获了很多荣誉，包括2005年美国经济学会授予她的“卡罗琳·肖·贝尔奖”、2009年劳动经济学会授予她的“明瑟奖”、2016年的“IZA奖”、2020年的“欧文·普莱恩·内默斯经济学奖”、2020年的“科睿唯安引文桂冠奖”、2021年的“进步社会奖”。

作为一名经济历史学家和劳动经济学家，戈尔丁的研究涵盖了广泛的内容，包括女性劳动力、收入中的性别差距、收入不平等、技术变革、教育和移民。她的大部分研究都是通过过去的视角来解释现在，并探讨当前所关注的问题的起源。其中，她对美国经济中女性的历史研究是最出名的，她花了数十年的精力全面梳理了几个世纪以来女性的收入和劳动力市场参与情况，研究了包括女性追求事业和家庭的历史、高等教育中的男女同校教育体制、“避孕药”对女性事业和婚姻决定的影响、女性现在受教育程度高的原因以及女性就业的新生命周期等问题。她分析和解释模型的核心，是女性的选择经常受到婚姻和家庭责任的限制。她的研究让我们对女性在劳动力市场上的历史和现代角色有了新的理解。

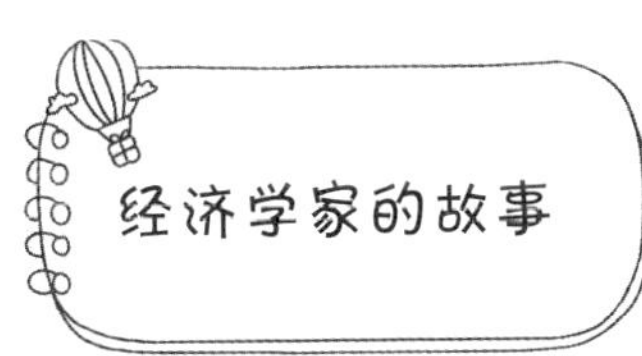

戈尔丁 1946 年出生于美国纽约市的犹太家庭，自小就怀揣着对考古学的热爱，对自然历史博物馆中的木乃伊充

满了好奇与探索之心。然而，一次偶然的机会，她在初中时读到了生物学家保罗·德·克鲁夫的《微生物猎人》，这使她意识到自己的真正使命并非考古学，而是微生物学。从此，她投身于微生物学的研究，决心成为一名杰出的微生物学家。

戈尔丁在高中三年级时参加了康奈尔大学的微生物学暑期课程，为她的学术之旅奠定了坚实的基础。高中毕业后，她顺利进入康奈尔大学继续深造，致力于探索微生物学的奥秘。

然而，在康奈尔大学度过一年后，戈尔丁发现知识的海洋远比她想象的更为广袤、深奥，还有很多其他领域等待她探索。于是，在大二时，她选修了著名经济学家阿尔弗雷德·卡恩的经济学课。卡恩的智慧与独特的授课风格深深吸引了戈尔丁，使她对经济学产生了浓厚的兴趣。1967 年，戈尔丁以优异的成绩从康奈尔大学毕业，并进入芝加哥大学攻读经济学博士学位。

在芝加哥大学，戈尔丁有幸师从经济学家加里·贝克尔。贝克尔将经济学的研究范围扩展到了婚姻、家庭、成瘾、犯罪等社会领域，这种独特的学术视角深深地吸引了年轻的戈尔丁。在贝克尔的指导下，戈尔丁开始了劳动经济学的研究。

自 20 世纪 80 年代起，戈尔丁逐渐将重心转向了对女性问题的研究，尤其关注女性在劳动力市场遭遇歧视的问题。为了深入了解这一现象，她花费了数十年的时间收集美国200多年来的档案数据，并发表大量论文，探讨收入和就业率的性别差异如何随着时间推移而变化。她一直致力于推动女性在事业和家庭之间实现平衡，并将主要观点收录在她的专著《事业还是家庭？女性追求平等的百年历程》中。

如今，戈尔丁已经77岁高龄，但作为一位永不停止思考的学者，她仍然关注着现实问题。当新问题出现时，她总是敏锐地将其与自己的研究相结合，思考这些问题对女性群体产生的影响。

启迪青少年

戈尔丁的故事不仅展现了一位女性传奇的学术生涯，更讲述了一个关于坚持梦想、追求知识和为社会做出贡献的励志故事。她用自己的努力和才华，不仅在经济学领域取得了卓越的成就，还为女性权益和性别平等发出了坚定的声音。在未来的日子里，戈尔丁将继续致力于她的研究事业，并用自己的知识和智慧为解决现实问题做出更大的贡献。她的故事将激励着更多的青年人勇敢地追求自己的梦想，用自己的努力和才华改变世界。